# Atlantis

## Das Rätsel des Aristokles

von Rainer Krämer

Herstellung und Verlag:
BoD – Books on Demand, Norderstedt

ISBN: 9783734757778

Umschlaggestaltung: Martin Krämer

# Inhalt

## Einführung

*„So vernimm denn, Sokrates, eine gar seltsame, aber durchaus in der Wahrheit begründete Sage ...“*[1]

Diese Worte stehen am Beginn einer Erzählung, die bereits viele Generationen von Altertumsforschern in ihren Bann zog. Eine sagenhafte Insel habe einst vor Gibraltar gelegen, „größer als Libyen und Asien zusammen“[2]. Unglaubliche Reichtümer hätten die Könige dieser Insel angehäuft, ihre Flotte beherrschte die Meere. Mit einem einzigen großen Kriegszug versuchten die Herrscher dieses Landes, den gesamten Mittelmeerraum zu unterjochen. Nur die Stadt Athen, von allen Verbündeten verlassen, konnte dieser gewaltigen Kriegsmaschinerie widerstehen – die fremde Armee wurde besiegt. In „einer einzigen schlimmen Nacht“[3] ging diese Insel schließlich in den Fluten des Atlantiks unter, und für Schiffe sei diese Meeresgegend immer noch „unerforschbar und unbefahrbar“[4]. Der Name dieser Insel ist inzwischen Legende – *Atlantis*.

Die sagenhafte Insel wird zum ersten Mal von dem Philosophen Platon (428/427 – 347 v. Chr.) erwähnt, der

1 Platon, Timaios.
2 Platon, Timaios.
3 Platon, Timaios.
4 Platon, Timaios.

von ihr im Rahmen einer philosophischen Diskussion erzählt. Platon hatte die Angewohnheit, seine Lehren in Form von Dialogen niederzuschreiben. Diese Dialoge gaben sog. „Symposien“ wieder, was übersetzt soviel wie „Nachtmahle“ bedeutet. Man versammelte sich Abends zu einem guten Essen und sprach dabei über verschiedenste philosophische Themen. Teilnehmer dieser Symposien sind überwiegend Anhänger und Freunde des Philosophen Sokrates, des Lehrers von Platon, der zum Zeitpunkt der Niederschrift schon lange verstorben war. Ob Platon aber wirklich über tatsächlich stattgefundene „Nachtmahle“ berichtet oder ob diese nur fiktiv sind, ist allerdings umstritten. Das Symposion, in dem die Rede auf die legendäre Insel kommt, schließt unmittelbar an eine Zusammenkunft einen Tag früher an, in der über die idealste Staatsform diskutiert wurde. Doch einigen Diskussionsteilnehmern, insbesondere Sokrates, ist dies zu theoretisch. Man müsse diesen Staat „in Bewegung“ zeigen, also in einer Situation, in der sich seine Verfassung bewähren könne. Dies war das Stichwort für den ebenfalls anwesenden Kritias, der von einer geheimnisvollen Erzählung berichtet, die der athenische Staatsmann Solon (6. Jh. v. Chr.) einst aus Ägypten mitgebracht habe. Diese Erzählung würde hervorragend zu der eben diskutierten Form, die ein ideales Staatswesen haben müsste, passen –

und sie habe den Vorteil, dass sie n i c h t erfunden sei.

Keine andere Schriften von Platon wurde mehr kommentiert als diese berühmten Passagen aus den sog. “Timaios-” und “Kritias-Dialogen”. Die Veröffentlichungen über Atlantis gehen in die Tausende, und die Legende ist heute populärer denn je. Im Herbst 2004 wollte sogar eine Expedition die Überreste von Atlantis am Meeresgrund in der Nähe von Zypern gefunden haben. Die Faszination, die von der Legende des untergegangenen Inselkontinentes ausgeht, ist ungebrochen.

Die Veröffentlichungen lassen sich weitgehend in drei Anschauungen einteilen. Zuerst sind die Autoren zu nennen, die die Legende schlicht für eine Erfindung von Platon halten. Platon hätte dabei nur seine philosophischen Ansichten anschaulicher machen wollen, demnach wäre der Text sozusagen eine sehr phantasievolle Parabel. Bereits kurz nach der Veröffentlichung der Atlantissage aus dem Nachlass von Platon gab es einige Zeitgenossen, die den Wahrheitsgehalt der Geschichte anzweifelten. Nicht nur der Platon-Schüler Aristoteles sah in der Geschichte von dem untergegangenen Inselreich nichts anderes als eine Erfindung[5]. Heute sind vor allem die Zeit- und Ortsangaben

5 Nach Strabon, der wiederum ein verlorengegangenes Werk von Aristoteles zitiert.

die Hauptursache dafür, dass Wissenschaftler nur wenig Interesse an der Legende zeigen. Diese Ansicht findet in der archäologischen Fachwelt eine geradezu erdrückende Mehrheit an Anhängern[6].

Die zweite Gruppe mit deutlich höheren Auflagenzahlen vertritt das genaue Gegenteil; Platon wäre mit seiner Geschichte durchaus wörtlich zu nehmen, und populäre Autoren suchen auch heute noch Atlantis auf dem Grunde des Atlantiks. Allerdings findet sich für diese Gruppe keinerlei Rückhalt in der Fachwelt. Seit mindestens einem Jahrhundert beschäftigt sich kein einziger wissenschaftlicher Artikel mehr ernsthaft mit dieser Theorie[7].

Die dritte Gruppe ist die wohl heterogenste. Da sich Platon so große Mühe gegeben hatte, die Wahrheit der Geschichte zu beteuern und dabei einige zu seiner Zeit bekannte Geistesgrößen heranzog, um seine Geschichte zu untermauern, ist nach dieser Ansicht ein historischer Kern in Platons Werk verborgen – auch wenn es eine so große Insel im Atlantik wohl nie gegeben haben kann. Auch unter Archäologen und Historikern finden sich immer wieder Anhänger für diese These. Wie allerdings dieser historische

6 Eine der jüngsten Veröffentlichungen, in der diese Ansicht vertreten wird, ist H.-G. Nesselrath, Platon und die Erfindung von Atlantis (München/Leipzig 2002).

7 Einer der bekanntesten Autoren dieser Gruppe ist u. a. C. Berlitz, The Eighth Continent (New York 1984).

Kern der Atlantissage aussieht - darüber gehen die Meinungen weit auseinander. In diesem Buch wollen wir einigen Theorien nachgehen, die trotz der scheinbar festzementierten Meinung der Fachwelt mehr hinter der mysteriösen Geschichte von Atlantis vermuten als ein philosophisches Konstrukt von Platon.

## Das Symposion

Zuerst wollen wir auf das Symposion eingehen, von dem Platon erzählt. Eine illustre Gesellschaft ist anwesend: Timaios aus Lokri in Unteritalien, ein Pythagoräer[8], Kritias, ein Mitglied einer angesehenen Athener Familie, und Hermokrates aus Syrakus in Sizilien. Nachdem das Essen beendet ist, führt Sokrates in das Thema des Abends ein. Er erinnert an die Diskussion des Vorabends. Die ganze Nacht hatte man über Verfassung und Struktur eines idealen Staatswesens debattiert. Nicht irgendein Tyrann sollte diesem Staat vorstehen. Vielmehr sollten die fähigsten Männer des Staates an der Regierung beteiligt sein. Die Verfassung des Staates sollte garantieren, dass dies auch funktionierte. Doch Sokrates störte etwas – und dies soll das Thema des heutigen Abends bilden: ihm war die Diskussion

8 Die Pythagoreer waren Anhänger der Lehren des Pythagoras von Samos, der im 6. Jht v. Chr. lebte. Diese wurden nur mündlich überliefert und erst Jahrhunderte später niedergeschrieben. Leider sind davon nur Fragmente erhalten. Sicher ist nur, dass er nach ausgedehnten Reisen, die angeblich nach Ägypten und Mesopotamien führten, aus Samos fliehen musste, da dort der Tyrann Polykrates herrschte und Pythagoras Ansichten von gesellschaftlichen Reformen dort nicht gern gesehen wurden. Er reiste nach Unteritalien und gründete in der Stadt Kroton eine eigene Schule. Bekannt ist Pythagoras besonders für seine Kenntnisse in der Mathematik, aber er galt unter seinen Zeitgenossen auch als religiöser Führer. So wird ihm auch die Lehre von der Seelenwanderung zugeschrieben.

zu theoretisch, er will den Staat "in Bewegung" zeigen. An einem praktischen Beispiel sollen die Fähigkeiten eines solchen Staates unter Beweis gestellt werden. Doch wie soll dieses Beispiel aussehen ? Sollte man einen Dichter zu Hilfe nehmen? Sokrates ist unschlüssig, er traut kaum einem der bekannten Dichter Athens zu, solch ein Werk in Angriff zu nehmen. Dies ist nun das Stichwort für Kritias; er erinnere sich an eine Geschichte, die vorzüglich das eben gesagte veranschaulichen könne und den Vorzug habe, keine Erfindung eines Dichters zu sein:

"*So vernimm denn, Sokrates, eine gar seltsame, aber durchaus in der Wahrheit begründete Sage, wie einst der weiseste unter den Sieben, Solon, erklärte, . . . dass gar große und bewunderungswürdige Heldentaten unserer Vaterstadt aus früher Vergangenheit durch die Zeit und das Dahinsterben der Menschen in Vergessenheit geraten seien . . .* "[9]

Von diesen "bewunderungswürdigen Taten" Athens beginnt Kritias nun zu erzählen. Als Junge hatte er von seinem gleichnamigen Großvater Kritias eine seltsame Geschichte gehört. Dessen Vater Dropides war mit dem großen Athenischen Staatsmann Solon (640-561 v. Chr.) befreundet gewesen, der ihm eine Geschichte erzählte, die er von einer Reise nach Ägypten mitgebracht hatte. Mehr als einhundert

9 Platon, Timaios.

Jahre vor diesem denkwürdigen Symposion war Solon zu einer großen Fahrt aufgebrochen, die ihn schließlich bis an den Nil führen sollte.

Abb. 1: Platon

Bekannt wurde Solon vor allem durch seine Verfassungsreformen in Athen, er schrieb aber auch Gedichte, sog Elegien. Solons Reformen waren nicht von allen Athenern begeistert aufgenommen worden, und seine Reisen hatten wohl den Zweck, sich vorübergehend „aus der Schusslinie zu bringen". Eine diplomatische Aufgabe war mit dieser Reise wohl nicht verbunden, auch wenn er dabei einige der politischen Größen der damaligen Zeit besuchte. Offensichtlich traf er bei seiner Reise sogar den damaligen Pharao Amasis (570-526 v. Chr.), wie sich aus folgender Bemerkung bei Herodot schließen lässt: *„Aus diesem Grund also und auch, um die Welt zu sehen, war Solon außer Landes gegangen und nach Ägypten zu Amasis gekommen."*[10] Dass der letztere ihn empfing, ist durchaus nicht ungewöhnlich. Amasis galt als Griechenfreund und suchte in Griechenland auch seine Bündnispartner[11]. Er

10 Herodot, Historien, Buch I, Kap. 30. Deutsche Gesamtausgabe. Übersetzt von A. Horneffer (Stuttgart 1971⁴).

11 Herodot, Historien, Buch II, Kap. 178. Deutsche

förderte die Handelsbeziehungen und erlaubte es griechischen Kaufleuten, sich in der Stadt Naukratis niederzulassen.

Die uralte Kultur der Ägypter mit ihren großartigen Bauten muss Solon sehr beeindruckt haben. Die Tempel der alten ägyptischen Götter waren nicht nur religiöse Zentren, hier wurde auch die Geschichte des Landes am Nil bewahrt und niedergeschrieben. Daher suchte Solon den Kontakt mit den einheimischen Priestern, um etwas über die Vergangenheit Ägyptens zu erfahren. Allerdings waren die ägyptischen Priester für ihre Verschwiegenheit bekannt – noch Jahrhunderte später beklagt sich Strabon in seinem geographischen Werk, dass sie hartnäckig ihre Geheimnisse bewahrten. Um sie sozusagen "aus der Reserve zu locken", berichtete ihnen Solon, über die Vergangenheit seines eigenen Volkes. Die Reaktion ließ nicht lange auf sich warten …

---

Gesamtausgabe. Übersetzt von A. Horneffer (Stuttgart 1971[4]).

**Die Legende**

*„Es gibt in Ägypten, im Delta, an dessen Spitze der Nilstrom sich spaltet, einen Landbezirk, genannt der saitische, dessen größte Stadt Sais ist, aus welcher auch der König Amasis stammte. Diese Stadt hat eine Schutzgöttin, in ägyptischer Sprache Neith, in hellenischer, wie jene sagen, Athene geheißen"*[12].

Mit diesen Worten beginnt die Erzählung des Kritias in Platons Dialog. Während des letzten Aufblühens der ägyptischen Kultur war das Nildelta kulturelles und politisches Zentrum und Sais die Residenzstadt des ägyptischen Reiches. Die Zeitepoche, während der sich Solon in Ägypten aufhielt, wird heute als "Saitische Periode" (664-525 v. Chr.) bezeichnet. Das Land am Nil konnte bereits auf eine Jahrtausende alte wechselhafte Geschichte zurückblicken. Als hätten es die Ägypter geahnt, dass die Epoche der alten Pharaonen sich langsam dem Ende zuneigte, fand gerade in dieser Saitischen Periode eine Rückbesinnung auf alte Werte statt, die zuweilen recht skurrile Blüten trieb[13]. Das Ritual des Totendienstes der

12 Platon, Sämtliche Werke, Band 4. Timaios, Kritias, Minos, Nomoi. Übersetzt von H. Müller und F. Schleiermacher (Reinbeck bei Hamburg 1994) 20 ff.

13 J. H. Breasted, Geschichte Ägyptens (Zürich 1954$^{2}$) 299ff.

Könige des Alten Reiches wurde wieder aufgenommen, es wurden gelegentlich sogar Pyramiden wieder ausgebessert. Beamte schmückten sich mit Ämtertiteln des Alten Reiches, und der religiöse Kult wurde von auswärtigen und neuen Einflüssen gereinigt. Besonders die Priester bewahrten das Wissen um die lange Geschichte des Pharaonenreiches und auch sehr alte Texte konnte man noch lesen.

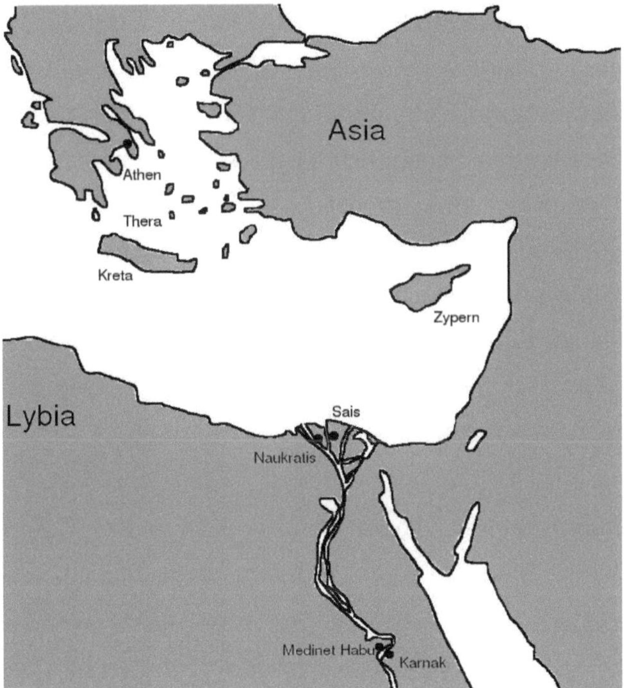


Abb. 2: Östlicher Mittelmeerraum

Die antike Stadt Sais liegt heute in Trümmern, und Nilschlamm bedeckt die alten Säulenhallen und Tempel. Allerdings rückt das Nildelta immer mehr in das Blickfeld der Archäologen, und auch Sais (heute Sa el-Hagar) selbst ist in den letzten Jahren zum Ziel von Grabungskampagnen geworden[14]. Den Tempel der Stadtgöttin Neith, deren Kult die Priester, mit denen Solon sprach, wahrscheinlich angehörten, vermutet man bei Kom Farray, nördlich von Sa el-Hagar. Bereits vor über 150 Jahren lokalisierten Wilkinson und Champollion den Tempel in der südlichen Hälfte einer noch heute sichtbaren, annähernd rechteckigen und etwa 0,5km$^2$ großen Einfriedung[15]. Champollion verfasste sogar einen Plan[16] der damals noch sichtbaren Gebäude einschließlich des Tempels. Heute ist nichts mehr davon aufzufinden. Wahrscheinlich erlitten die Monumente das Schicksal vieler ägyptischer Altertümer und wurden als Steinbruch benutzt.

Irgendwo umweit dieses Tempels könnte das Gespräch zwischen Solon und den Priestern stattgefunden haben.

14 Egypt Exploration Society, "The Royal City of Sais", Internet-Publikation.

15 G. Wilkinson, Modern Egypt und Thebes (London 1843, I), 327-328; J-F. Champollion, in Hartlében ed., Lettres et journaux, II (Paris 1909), 98-105.

16 L. Habachi, Sais and its Monuments. Annales du Service des Antiquités, Band 42, 369-407.

Während ihrer Unterhaltung erkennt Solon, dass die Priester uralte Überlieferungen bewahrten, von denen ein gelehrter Grieche nur träumen konnte. Um ihnen dieses Wissen zu entlocken, fängt er an, von den ältesten Überlieferungen der Griechen zu erzählen. Die Reaktion folgt prompt:

*„. . . Da habe ein hoch bejahrter Priester gesagt: O Solon, Solon! Ihr Hellenen bleibt doch immer Kinder, zum Greise aber bringt es kein Hellene. - Wieso? Wie meinst du das? Habe er, als er das hörte, gefragt. Jung in den Seelen, habe jener erwidert, seid ihr alle: denn ihr hegt in ihnen keine alte, auf altertümliche Erzählungen gegründete Meinung noch ein durch die Zeit ergrautes Wissen.“*[17]

Der Priester beginnt, von großen Katastrophen zu erzählen, die die Erde immer wieder heimgesucht hätten. Sowohl durch Feuer als auch durch Wasser wären die Völker der Erde immer wieder bedroht worden. Auf diese Weise seien auch die schriftlichen Aufzeichnungen vernichtet worden, und so hätten die Griechen von diesen Ereignissen keine Kunde. Nur die Ägypter wären von Sintflut und Feuer weitgehend verschont worden, daher hätten sich ihre alten Schriften erhalten. Der erstaunte Solon erfährt, dass in diesen Dokumenten auch von einem frühen Athen erzählt

17 Platon, Timaios.

wurde, das sich mit einer geheimnisvollen Macht im Krieg befand:

*„ . . . denn das Aufgezeichnete berichtet, wie eine große Heeresmacht dereinst euer Staat überwältigte, welche von dem Atlantischen Meere her übermütig gegen ganz Europa und Asien heranzog. Damals war nämlich dieses Meer schiffbar; denn vor dem Eingange, der, wie ihr sagt, die Säulen des Herakles heißt* (die heutige Meerenge von Gibraltar), *befand sich eine Insel, größer als Asien und Libyen zusammengenommen, von welcher den damals Reisenden der Zugang zu den übrigen Inseln, von diesen aber zu dem ganzen gegenüberliegenden, an jenem wahren Meere gelegenen Festland, offenstand.“*[18]

Der Priester berichtet, dass diese Insel mit dem Namen Atlantis eine große Heeresmacht aussandte, um die Länder rund um das Mittelmeer zu unterwerfen. Das Atlantische Reich wurde von mehreren Königen regiert, die auch über *„viele andere Inseln“* und über Teile des Festlandes herrschten. Ihr Einfluss reichte in Europa bis nach Tyrrhenien[19] und von Libyen, dem heutigen Nordafrika, bis nach Ägypten. Athen stand bald alleine einem

---

18 Platon, Timaios.

19 Mit Tyrrhenien ist wohl Mittelitalien gemeint, die Heimat der Tyrrhener, besser bekannt als Etrusker.

übermächtigen Gegner gegenüber. In diesem kritischen Augenblick wendete sich das Blatt: Atlantis wurde geschlagen und die eroberten Länder wieder befreit. Nun folgen die wohl bekanntesten Zeilen aus dem Bericht des Priesters:

*„Indem aber in späterer Zeit gewaltige Erdbeben und Überschwemmungen eintraten, versank, indem nur ein schlimmer Tag und eine schlimme Nacht hereinbrach, eure Heeresmacht insgesamt und mit einem Male unter die Erde, und in gleicher Weise wurde auch die Insel Atlantis durch Versinken in das Meer den Augen entzogen. Dadurch ist auch das dortige Meer unbefahrbar und undurchforschbar geworden, weil der in geringer Tiefe befindliche Schlamm, den die untergehende Insel zurückließ, hinderlich wurde."*[20]

Nach der Kurzen Fassung der Legende im Timaios-Dialog geht nun der Kritias-Dialog ausführlicher auf diese Ereignisse und die Protagonisten ein:

*„Vor allem wollen wir also uns zuerst daran erinnern, dass es im ganzen neuntausend Jahre waren, seitdem, wie angegeben worden, der Krieg ausbrach zwischen denen, die jenseits der Säulen des Herakles wohnen* (Atlantis) *und*

20 Platon, Timaios.

*den innerhalb derselben Wohnenden* (Griechenland, Ägypten)*; ...“*[21]

Abb. 3: Akropolis von Athen

Ein Abschnitt beschäftigt sich mit der athenischen Burg, der Akropolis: *„Erstens war die Burg nicht so beschaffen wie jetzt. Jetzt nämlich hat eine vorzüglich regenreiche Nacht diese durch Abschwemmung der Erde entblößt, indem zugleich Erdbeben und eine gewaltige Überschwemmung, die dritte vor der Deukalischen Verheerung, eintraten.“*[22] Der eigentliche Mittelpunkt der Geschichte, Ur-Athen, das Vorbild für den “idealen Staat”, den Sokrates veranschaulichen wollte, wird in diesem Abschnitt erstaunlich kurz abgehandelt. Umso ausführlicher geht die Erzählung auf den rätselhaften Gegner Athens ein – das

21 Platon, Kritias.
22 Platon, Kritias.

mysteriöse Inselreich *"jenseits der Säulen des Herakles"*. Während das frühe Athen eher einen spartanischen Lebensstil pflegt und die dortige Bevölkerung sich mit wenigem zufrieden gibt, schwelgen die Könige der sagenhaften Insel geradezu in Luxus.

Kritias berichtet, dass in der Mitte von Atlantis eine Ebene und ein niedriger Berg lag, der *„fünfzig Stadien"* (ca. 9 km) vom Meer entfernt lag. Der Hügel war mit drei Wasserringen umgeben, durch jeweils einen Erdwall voneinander getrennt. Platon lässt Meeresgott Poseidon persönlich diese Anlage bauen, erstattet den Hügel auch mit einer heißen und einer kalten Quelle aus. Poseidon, der sich mit einer Sterblichen verband, zeugte mit ihr fünf Zwillingspaare. Der Erstgeborene des ältesten Zwillingspaares bekam den Hügel mit den Wasserringen, unter den anderen wurde die Insel zu gleichen Teilen aufgeteilt. Relativ ausführlich ist die Beschreibung der Hauptstadt der Insel. Ein 9 km langer, 90 m breiter und 30 m tiefer Kanal stellte die Verbindung von den Wasserringen zum Meer her. Der Kanal durchbrach die Erdwälle, so dass die Wasserringe einen Hafen bildeten:
*„Die Steine . . . wurden unter der in der Mitte liegenden Insel und unter der Innen- und Außenseite der Gürtel (Erdwälle) gehauen und so beim Aushauen zugleich doppelte Behälter für die Schiffe ausgehöhlt, die vom Felsen*

*selbst überdacht wurden."*[23]

Der größte Wasserring der Hauptstadt von Atlantis hatte einen Durchmesser von fast 5 km, der Durchmesser der in der Mitte liegende Insel mit der königlichen Burg betrug etwa 900 m. Die Insel war von einer steinernen Mauer umgeben:

*„Zu den Bauten benutzten sie teils Steine derselben Farbe, teils fügten sie zum Ergötzen, um ein von der Natur damit verbundenes Wohlgefallen zu erzeugen, ein Mauerwerk aus verschiedenartigen zusammen. Den ganzen Umfang der den äußersten Gürtel umgebenden Mauer versahen sie mit einem Überzuge von Kupfer, übergossen den des inneren mit Zinn, den um die Burg selbst aufgeführten aber mit wie Feuer glänzendem Bergerz."*[24]

Der Königssitz innerhalb der Burg war voller Prunkbauten: ein monumentaler Tempel des Meeresgottes Poseidon, Paläste und Bäder, die durch warme und kalte Quellen versorgt wurden.

Die Ebene, die die Hauptstadt von Atlantis umschloss, war von Gebirgen umgeben, die sich bis zum Meer hinabzogen. Sie lag im Süden der Insel und hatte die Gestalt eines Rechtecks, *„. . . nach der einen Seite 3000 (540 km) Stadien*

23 Platon, Kritias.
24 Platon, Kritias.

*lang, vom Meere landeinwärts aber in der Mitte deren 2000 breit (360 km). . . . Von den . . . umgebenden Bergen wurde gerühmt, dass sie an Menge, Größe und Anmut alle jetzt noch vorhandenen überträfen.“*[25] Diese Ebene wurde von einem 10000 Stadien (1800 km) langen und einem Stadion (180 m) breiten Kanal umschlossen, von dem viele kleinere Kanäle abzweigten. Erwähnenswert ist auch das milde Klima der Insel mit regenreichen Wintern, und zwei Ernten im Jahr. Detailreich beschreibt Platon einen Stierkult, der im Zusammenhang mit der Verehrung des Poseidon steht. Demnach wurde, um die Vollstreckung des Gesetzes zu bekräftigen, ein Stier geopfert, der von den 10 Königen von Atlantis gejagt und getötet wurde. An der Stelle, wo Zeus den Rat der Götter einberuft, um über das im Laufe der Zeit entartete atlantische Geschlecht zu urteilen, bricht der Text ab.

---

25 Platon, Kritias.

## Atlantis – Eine Fiktion ?

Seit der Antike haben sich unzählige Gelehrte mit dem "Timaios-" und "Kritias-Dialog" des Philosophen Platon (428/427-347 v. Chr.) auseinandergesetzt. Platon war bereits im hohen Alter und ein geachteter Mann, als er diese Werke niederschrieb. Doch er hätte es sich wohl nicht träumen lassen, dass ausgerechnet diese Dialoge bis heute mehr Kommentare und Diskussionen hervorgerufen haben als jedes andere Werk antiker Dichter und Denker. Bereits sein Schüler Aristoteles hielt Atlantis für eine Erfindung, wie uns durch Strabon überliefert wird. Es gab allerdings auch Verteidiger Platons, z. B. der römische Dichter Plutarch, der Solons Reise und seinen Besuch bei den Priestern in Sais für real hielt. Der spätantike Philosoph Proklos, ein Neuplatoniker (410-485 n. Chr.), war ebenfalls von der Wahrheit der Atlantisgeschichte vollkommen überzeugt[26]. In seinem Kommentar zum Timaios-Dialog äußert er folgendes: „*Was die ganze Erzählung über die Atlanter betrifft, sagen einige, dass sie lautere Geschichte ist, was die Meinung von Krantor, des ersten Interpreten des Platon war, ... Krantor fügte hinzu, dass dies bestätigt wird von den Propheten der Ägypter, welche versichern, dass die Einzelheiten (welche von Platon erzählt werden) auf Säulen*

26 Lysios Proklos, Kommentare über Platons "Timaios".

*geschrieben sind, welche noch erhalten sind ...".* Es wird zwar nicht ausdrücklich geschrieben, dass Krantor die Steinsäulen selbst gesehen hat[27] - jedoch verleiht immerhin die Berufung auf Krantor dem Bericht des Proklos eine gewisse Glaubwürdigkeit, da mit Krantor offensichtlich ein Angehöriger der älteren Akademie (4./3. Jh. v. Chr.) gemeint war, einem Platoniker, der nicht lange nach Platon lebte.

Wie steht es also mit dem Wahrheitsgehalt in Platons Atlantisgeschichte ? Sehen wir uns zunächst an, wie er seine Geschichte erzählt. Um seine philosophischen Ansichten zu vermitteln, wählte Platon gerne die Dialogform. Nahezu alle Dialoge finden in der Vergangenheit statt, als sein Lehrer Sokrates noch lebte. Seine eigene Person hielt er gerne im Hintergrund. Es ist zuweilen nicht gerade einfach, zu unterscheiden, welche Dialoge die Lehren des Sokrates und welche seine eigenen Ansichten veranschaulichen sollten. Zumindest benutzt er in seinen Werken die Figur des Sokrates immer noch als Autorität, sogar als er selbst bereits weit über die Grenzen Griechenlands hinaus bekannt ist. Viele moderne Autoren sehen darin ein literarisches Stilmittel und die Symposien als eine reine Erfindung des

27 Hierzu sollte man vielleicht bemerken, dass in unzähligen modernen Atlantiswerken ganz selbstverständlich vorausgesetzt wird, dass der Urtext der Atlansislegende auf einer Säule im Tempel der Neith in Sais zu finden gewesen wäre und Krantor diesen gesehen hätte.

Autors – doch ist dies wirklich so? Gegen eine Erfindung spricht die Tatsache, dass es zur Zeit Platons in der Literatur noch nicht üblich war, zu beteuern, dass es sich um die reine Wahrheit handele, während die Geschichte in Wirklichkeit frei erfunden war[28]. Dies wurde erst in den Jahrhunderten nach Platon Mode. Wenn Platon tatsächlich dieses literarische Stilmittel angewandt hätte, wäre er der Begründer dieser Tradition gewesen. Seine Leserschaft, die gebildete Oberschicht der Griechen, hätte möglicherweise dieses bisher beispiellose Vorgehen als arglistige Täuschung empfunden. Es scheint schwer vorstellbar, dass Platon das Risiko eingegangen wäre, in ihren Augen bloßgestellt zu werden, indem er ihnen ein reines Märchen servierte. Während in unserer Zeit dieses Stilmittel bei Romanautoren häufig anzutreffen ist, wäre es in der damaligen Zeit vermutlich auf völliges Unverständnis gestoßen.

Allerdings wird kaum jemand bestreiten, dass die Erzählung von einer untergegangenen Zivilisation aus heutiger Sicht doch ein wenig phantastisch klingt. Ein hoch entwickeltes Staatswesen soll auf einer großen Insel im Atlantik vor 12.000 Jahren existiert haben? Dies widerspräche allen bisherigen archäologischen und historischen Erkenntnissen.

---

28 H. Görgemanns, Wahrheit und Fiktion in Platons Atlantiserzählung. Hermes Band 128, 2000, S. 409.

Eine solche Kultur zu diesem Zeitpunkt ließe sich definitiv nicht in die bisher bekannte Kulturgeschichte einfügen; sie wäre, so wie sie von Platon beschrieben wird, in der kulturellen Entwicklung vergleichbaren Zivilisationen im Mittelmeerraum um mindestens 5.000 Jahre voraus gewesen. Zu dem Zeitpunkt, an dem nach Platon die sagenhafte Insel angeblich unterging, gab es im Vorderen Orient gerade einmal die ersten stadtähnlichen Siedlungen. Die ersten Hochkulturen entwickelten sich erst Jahrtausende später im Mesopotamischen Raum. Auch die geologische Wissenschaft ist hier eindeutig. Im Atlantik kann es zu diesem Zeitpunkt keine Insel dieser Größenordnung gegeben haben. Die unzähligen Proben vom Meeresboden, die es aus dem Atlantik bereits gibt, verweisen stets auf das Gegenteil. Bereits 1947 bezeichnete der schwedische Ozeanologe Hans Petterson Atlantis als "geologische Leiche"[29]. Inseln wie die Azoren oder Kanaren seien nicht Reste eines Ur-Kontinents, sondern durch unterseeischen Vulkanismus vom Meeresboden emporgewachsen.

Wie lässt sich aber dies damit vereinbaren, dass nicht nur der bereits erwähnte Krantor, sondern auch der römische Autor Plutarch die Angaben Platons bestätigen ? Gibt es

29 H. Petterson, Atlantis und Atlantik (1948).

dennoch einen historischen Kern in der Atlantislegende? Kritiker führen hier nicht zu Unrecht ins Feld, dass man nur durch eine völlig andere zeitliche und geographische Einordnung die These von einem historischen Hintergrund aufrecht erhalten könne. Dann wäre aber Atlantis praktisch überall und nirgends zu finden – von dem eigentlichen Text Platons bliebe nach dieser Ansicht nichts mehr übrig. Wir wollen uns aber dennoch auf die Suche machen. Immerhin - einige Spuren gibt es, denen man nachgehen kann.

Sehen wir uns zunächst die enormen Jahreszahlen an. Sie werden im Dialog von dem alten Priester mit der im Vergleich zu Griechenland sehr viel älteren Tradition Ägyptens begründet. Unzählige Theorien wurden bereits aufgestellt, wie es zu diesen fantastischen Zeitangaben kommen konnte. Ein Schreibfehler solle dafür verantwortlich sein, die Zahlen 100 und 1000 wurden verwechselt, Mond und Sonnenzyklen wurden durcheinander gebracht, etc. Dabei muss man eigentlich nur seinen Herodot[30] kennen. Dieser bekannte griechische Historiker schreibt bereits vor Platon: *„Soweit der Bericht der ägyptischen Priester über die alte ägyptische Zeit. Sie haben mir nachgewiesen, dass zwischen dem ersten König*

30 Herodot, Historien, Buch II, Kap. 142-143. Übersetzt von A. Horneffer (Stuttgart 1971).

*von Ägypten und jenem letztgenannten Priester des Hephaistos dreihundert- einundvierzig Menschenalter liegen. Denn so viele Oberpriester und Könige hat es im Laufe dieser Zeit gegeben. Nun machen aber dreihundert Generationen einen Zeitraum von zehntausend Jahren aus. Denn drei Menschenalter sind gleich hundert Jahren. Zu den dreihundert kommen noch einundvierzig Menschenalter, das macht eintausenddreihundertvierzig Jahre. Das heißt also: in einem Zeitraum von elftausenddreihundertvierzig Jahren haben nur menschlichen Könige, nicht Götter in Menschengestalt in Ägypten geherrscht."*

Herodot führt seine Ansichten zum Alter Ägyptens noch weiter aus, um diese Behauptungen einem sicherlich ungläubigen griechischen Publikum begreiflich zu machen: *„Sie* (thebanische Priester) *führten mich in den gewaltigen Tempel und zeigten mir eine Reihe hölzerner Kolossalstatuen. Das waren wirklich so viele, wie ich oben angegeben habe. Jeder Oberpriester lässt dort im Tempel noch zu Lebzeiten sein Standbild aufstellen. Die Priester zählten und zeigten mir alle nacheinander - immer folgte der Sohn auf den Vater; so gingen sie von dem zuletzt Verstorbenen alle der Reihe nach durch. . . .und im ganzen seien es dreihundertfünfundvierzig solcher Standbilder. . ."*

Nicht nur Herodot stellte solche Berechnungen für die Bestimmung vergangener Zeiträume an. Auch andere Historiker, wie z. B. Hellanikos, rechneten mit drei Generationen pro 100 Jahren, um in ihren Genealogien die Anzahl der vergangenen Jahre festzustellen. Von letzterem stammt übrigens ein Werk mit dem Titel „Atlantis“, das sich aber nicht mit versunkenen Kontinenten, sondern mit den Nachfahren des Titanen Atlas beschäftigt.

Platon übernahm ebenfalls diese Jahreszahlen Herodots, wie folgende Bemerkung zeigt[31]: *"Bei näherer Betrachtung wird man finden, dass dort* (in Ägypten) *die vor zehntausend Jahren - ich meine dies nicht in dem gewöhnlich unbestimmten Sinn des Wortes, sondern tatsächlich vor zehntausend Jahren - gefertigte Gemälde und Bildsäulen weder irgendwie schöner noch hässlicher sind als die der jetzigen Zeit, sondern ganz dieselbe künstlerische Fertigung zeigen".*

Vor dem Hintergrund der erwähnten Textstellen von Platon und Herodot ist die Angabe von 9.000 Jahren also *kein* Schreibfehler von Platon. Letzterer war offensichtlich tatsächlich der Meinung, die Ägyptische Kultur wäre 10.000 Jahre alt. Ob nun Griechen oder Ägypter für dieses

31 Platon, Nomoi, 656 d.

Missverständnis verantwortlich sind, ist aus heutiger Sicht schwierig zu ermitteln. Am plausibelsten erscheint, dass Platon sich bei Herodot und anderen Historikern bedient und deren Fehler einfach übernommen hat. Es ist durchaus in Betracht zu ziehen, dass die Kenntnis von dem scheinbar unglaublichen Alter der Ägyptischen Kultur zu einer etwas eigenwilligen Vorstellung der griechischen Vorgeschichte bei Platon und anderen Autoren geführt hat. Denn schließlich konnte es ja nicht sein, dass das Land der Pharaonen eine weit ältere Kultur hatte als Athen. So könnte man versucht haben, alte griechische Sagen zeitlich einzuordnen und sie einfach ein paar tausend Jahre zurückverlegt haben, um dem Land am Nil ebenbürtig zu sein. Nicht sonderlich bekannt ist die Tatsache, dass Platon mehrere weltweite Katastrophen erwähnt, die sich seit diesen 9.000 Jahren ereignet haben sollen. Dies erzählt der ägyptische Priester zu Beginn dem erstaunten Solon. Der Untergang von Atlantis war nur eine davon. Interessanterweise findet sich eine Stelle bei Herodot[32], in der Ägypten ebenfalls im Zusammenhang mit Umwälzungen erwähnt wird: „*Während dieser Zeit* (die genannten 11.340 Jahre) *sei die Sonne viermal an ihrem gewohnten Orte aufgegangen. Wo sie jetzt untergeht, dort sei sie zweimal aufgegangen, und wo sie jetzt aufgeht, sei*

32 Herodot, Buch II, Kap. 142. Übersetzt von A. Horneffer (Stuttgart 1971).

*sie zweimal untergegangen. In Ägypten hätte sich dadurch nichts verändert . . .*“ Dies könnte ein Indiz sein, dass die Kunde von solchen Katastrophenerzählungen tatsächlich aus Ägypten gekommen ist. Natürlich könnte Platon aber aufgrund der ihm bereits bekannten Berichte von Herodot und anderen Schriftstellern mit Absicht Ägypten als Ort der Überlieferung gewählt haben, um zu erklären, weshalb eine so alte Erzählung erhalten geblieben ist.

Wenn man das bisher Gesagte Revue passieren lässt, ist eine gewisse Wahrscheinlichkeit, dass sich Platon einer ägyptischen Quelle bedient und diese teilweise missverstanden hat, nicht zu leugnen. Allerdings haben wir bisher Platons geographische Beschreibungen völlig außer Acht gelassen. Wie passen diese ins Bild?

## Antike Geographie

Einige Zeilen in Platons Erzählung widmen sich Lage und der Größe von Atlantis. Um diese Passagen zu verstehen, muss man sich zuvor ein wenig mit dem antiken Weltbild der Zeit Platons und Solons beschäftigen. Dies war im 4. Jahrhundert v. Chr. noch von vielen mythischen Vorstellungen durchdrungen. Der "Oceanos", das mythische Weltmeer, umgab die "Oikomene", die bewohnbare Welt - die Idee von der Kugelgestalt der Erde hatte sich noch nicht allgemein durchgesetzt. Erstmals wird Vorstellung von der Erde als Kugel in dem Werk „Phaidon" von Platon zum Ausdruck gebracht: *„Zunächst bin ich also überzeugt, dass sie, wenn sie als Kugel in der Mitte der Welt ruht, weder die Luft nötig hat, um nicht zu fallen, noch irgendeine andere solche Hilfe."* Die Kenntnis der gebildeten Griechen von der bewohnbaren Welt hörte im Westen bei den "Säulen des Herakles", Meerenge von Gibraltar, auf. Lediglich Phönizier und Karthager kannten Seefahrtsrouten, die darüber hinausführten, aber sie hielten ihr Wissen geheim. Die Karthager förderten sogar Legenden, die das Meer dort als unpassierbar beschrieben[33]. In der Regel beschränkten sich Karthager und Phönizier allerdings auf Küstenschifffahrt und fuhren nur über das offene Meer, wenn es unbedingt

33 Herodot, Historien, Buch IV, Kap. 43.

sein musste. Zu welchen seemännischen Leistungen die Phönizier fähig waren, zeigt die nur wenig bekannte Afrika-Umrundung, die der ägyptische Pharao Necho (610-595 v. Chr.) in Auftrag gab[34]. Obwohl sie erfolgreich abgeschlossen wurde, sind die Seefahrer von ihren Zeitgenossen nur ausgelacht worden. Gerade ein Detail ihrer jahrelangen Odyssee, das den Spott herausforderte, beweist aber, dass diese Fahrt tatsächlich stattgefunden hatte: Die Phönizier berichteten, als sie die Südspitze Afrikas umrundeten, habe die Sonne im Norden gestanden. Es gab wohl auch noch einen anderen Grund, weshalb die Geschichte vergessen wurde. Die entdeckte Route war wirtschaftlich nicht lukrativ, und der Expeditionsbericht wurde zu den Akten gelegt.

Doch zurück zur Atlantislegende. Die geographischen Angaben weichen z. T. völlig von dem Weltbild zur Zeit Solons im 6. Jahrhundert ab. Auch zur Zeit Platons hatten sich die Vorstellungen, wie sie in seinem zum Ausdruck kommen, noch lange nicht durchgesetzt. Nach Platon soll das sagenhafte Atlantis ausgerechnet in einer Weltgegend gelegen haben, die zu seiner Zeit keinem Griechen zugänglich war und über die durch die Karthager das übelste Seemannsgarn im Umlauf gebracht wurde. Doch diese

34 Herodot, Historien, Buch IV, Kap. 42. G. Rachel, Lexikon des alten Ägypten (Düsseldorf, Zürich 2002).

Märchenerzählungen hatten Methode. Es sollte Konkurrenten davon abzuhalten, ihre lukrativen Handelsrouten zu benutzen.

Um diese “Terra incognita“ zu erläutern, greift Platon auf Bekanntes zurück. Die Angabe “*so groß wie Asia und Libya zusammen*“ hat aber nur wenig mit den uns bekannten Kontinenten Asien und Afrika zu tun. "Libya" meint vermutlich nur den Küstenstreifen Nordafrikas entlang des Mittelmeeres - alles darüber hinaus war für die Griechen ebenso unbekannt wie der Atlantik. "Asia" entspricht vermutlich ungefähr dem heutigen Kleinasien.

Etwas seltsam klingt die Beschreibung des Atlantischen Ozeans. Platon betont die Größe des Ozeans und des “*gegenüberliegenden Festlandes*“ (!), im Vergleich dazu wäre das Mittelmeer nur “*eine Bucht mit einer schmalen Einfahrt*“. Dabei ist allerdings etwas unklar, was Platon mit “gegenüberliegendem Festland“ meint. Die Versuchung ist groß, der Überlegung nachzugehen, ob Platon damit Nord- und Südamerika gemeint haben könnte. Da aber der restliche Bericht sich nicht mit der Geographie des heutigen Atlantiks in Deckung bringen lässt, ist diese These bei Philologen und Althistorikern ziemlich unbeliebt. Nur

Autoren wie Charles Berlitz[35] beharren auf der Idee, das „wahre Festland“ mit dem Amerikanischen Doppelkontinent gleichzusetzen. Laut Platon konnte man über die Insel Atlantis und weitere Inseln dieses gegenüberliegende Festland erreichen. Wie bereits ausführlich diskutiert, lässt sich aber im Atlantischen Ozean eine untergegangene Insel der von Platon beschriebenen Größe nicht nachweisen, und die Inselgruppen des Atlantiks beschränken sich mit Ausnahme der Azoren hauptsächlich auf die Karibik und auf Seegebiete in der Nähe Afrikas.

Wenn man nun weiterhin von einem ägyptischen Ur-Text ausgeht, liegt natürlich die Frage nahe, ob dieser tatsächlich den Atlantischen Ozean beschrieben hat. Bisher gibt es allerdings keine Hinweise, dass die Ägypter sich je mit dieser Weltgegend beschäftigt hätten – zumindest keinen von Ägyptologen anerkannten Hinweis, denn es gibt eine bemerkenswerte Ausnahme.

Eine überraschende Entdeckung, die die Frage der transatlantischen Beziehungen in der Antike in den Mittelpunkt wissenschaftlicher Diskussion rückte, wurde 1992 in München gemacht. Während eines Projektes zur Untersuchung von altägyptischen Mumien wurde durch die

35 C. Berlitz, Atlantis, The Eight Continent (1984).

Toxikologin Svelta Balabanova[36] in einer Mumie der 21. Dynastie Kokain nachgewiesen. Pikant wird diese Tatsache dadurch, dass die Coca-Pflanze nur auf der anderen Seite des Atlantiks zu finden ist. Die angewandte Testmethode wird auch zu gerichtlichen Zwecken benutzt, wodurch die Ergebnisse nur schwer anzufechten sind. Die entstandene kontroverse Diskussionen wurde noch weiter angeheizt, als weitere Mumien "positiv" getestet und schließlich sogar Tabakspuren gefunden wurden. Von Seiten der Ägyptologen wurde Balabanova heftig angegriffen, doch niemand gelang es, Fehler in ihren Testmethoden nachzuweisen. Allerdings wurde bisher noch kein einziger Hieroglyphentext gefunden, der von Fahrten der Ägypter über den Atlantik berichtet hätte. Eine Überlegung geht in die Richtung, dass eine mit Coca verwandte und inzwischen ausgestorbene Pflanze in Ägypten oder den Nachbarländern angebaut wurde, aber dafür konnte bisher kein Nachweis erbracht werden. Die Paläobotanik ist seit Langem eine etablierte wissenschaftliche Disziplin, und es ist nicht sehr wahrscheinlich, dass den Vertretern dieses Faches eine solche Pflanze bisher entgangen wäre. Eine weitere Theorie gründet auf der Annahme von indirekten Handelskontakten quer über den Pazifik. Allerdings erscheint es recht

36 Fernsehdokumentation, Equinox, Channel 4. Im Internet veröffentlichtes Sendemanuscript.

merkwürdig, dass diese Kontakte ausgereicht haben sollen, Coca in solchen großen Mengen nach Ägypten zu exportieren, so dass bei sehr vielen Mumien diese Droge nachgewiesen werden konnte. Die Anthropologin Alice Kehoe[37] führt als Indizien für diese Theorie der indirekten Handelskontakte neben der Süßkartoffel auch die Erdnuss an, die in dem Zeitraum kurz vor Christi Geburt in Westchina nachgewiesen werden konnte.

Zwischen dem 12. und dem 6. Jahrhundert v. Chr. könnten auch die bereits erwähnten Phönizier als Zwischenhändler fungiert haben – die Berichte in der modernen populären Literatur von angeblichen Atlantiküberquerungen füllen ganze Regale. Allerdings konnte bisher kein einziger Beweis für diese Fahrten gefunden werden. Die wenigen phönizischen Inschriften aus Amerika sind sehr umstritten und wurden bisher von den meisten Wissenschaftlern als Fälschungen eingestuft[38].

Nur wenig bekannt ist ein Fund, der im Jahr 1749 nach einem Sturm auf den Azoren gemacht wurde[39]. Ein Teil des Fundamentes eines Steinhauses am Strand der Insel Corvo

---

37 s. o.

38 R. Hennig, Terrae incognitae, Band 1. Altertum bis Ptolemäus (Leiden 1944²) 153 f.

39 R. Hennig, Terrae incognitae, Band 1. Altertum bis Ptolemäus (Leiden 1944²) 138 ff.

wurde von den Wellen freigespült. Dabei kam ein schwarzes Tongefäß zu Tage, gefüllt mit Münzen aus Karthago und Kyrene. Das interessante an dem Fund ist, dass die Münzen, die leider inzwischen verschollen sind, um 330-320 v. Chr. geprägt wurden – nicht lange nach dem Tod Platons. Der Fund war unter Experten lange Zeit umstritten, doch konnte anhand der Abbildungen der Münzen festgestellt werden, das sie alle aus einem eng begrenzten Zeitraum stammten. Im 18. Jahrhundert war noch wenig über antike Münzen bekannt, so dass ein Fälscher, der einen solchen Fund hätte vortäuschen wollen, gar nicht in der Lage gewesen wäre, eine solche Münzserie zusammenzusuchen. Besonders R. Hennig[40] hat wesentlich dazu beigetragen, diesen Münzfund als echt zu bestätigen. Eine absichtliche karthagische Expedition nach Westen ist aber mit ziemlicher Sicherheit auszuschließen, wahrscheinlich wurde ein Schiff auf einem Kurs entlang der Westküste der Iberischen Halbinsel in einem Sturm abgetrieben. Wenn aber ein karthagisches Schiff im vierten Jahrhundert v. Chr. bis zu den Azoren kommen konnte, fragt man sich natürlich zu Recht, ob die Karthager nicht auch in Amerika gelandet sein könnten. Ein indeutiger Beweis für dieses Gedankenspiel fehlt aber bisher.

40 R. Hennig, Terrae incognitae, Band 1. Altertum bis Ptolemäus (Leiden 1944$^{2}$) 138 ff..

So wird es wohl noch eine Weile dauern, bis die Frage geklärt werden kann, ob sich Platons Atlantikbeschreibung auf Seefahrerberichte stützte. Zumindest scheint seine Aussage von dem als „*wahres Meer*“ bezeichneten Atlantik und dem „*wahren Festland*“ nur im Dialog „Timaios“ aufzutauchen – ähnliche Beschreibungen des Atlantiks sind bei keinem anderen zeitgenössischen antiken Autor zu finden. Ob hinter dieser Aussage Kenntnisse der alten Karthager oder früherer Seefahrer stecken, wird wohl nie zu ergründen sein. Immerhin sollte man sich vor Augen halten, dass die Gewissheit, dass es sich bei dem erreichten Land um ein großes Festland und nicht um eine Insel handelt, umfangreiche Forschungsfahrten voraussetzen würde.

Daher wird wohl auch die Frage vorläufig ungeklärt bleiben, weshalb Platon die Insel Atlantis gerade im Atlantik ansiedelte. Gab es wirklich einen eindeutigen geographischen Hinweis in dem von Platon erwähnten ägyptischen Urtext ? Selbst Archäologen und Historiker, die hinter all dem einen historischen Kern vermuten, bezweifeln dies. Sie rücken Atlantis vielmehr in den Bereich des Mittelmeerraumes, in eine Zeit, als die frühen Hochkulturen in voller Blüte standen.

## Tartessos

Die Geschichte eines der ersten ernstzunehmenden Versuche, einen historischen Hintergrund für Platons Atlantis nachzuweisen, nahm in den 30er Jahren des vergangenen Jahrhunderts ihren Anfang. Damals erregte eine These von Adolf Schulten (1870 – 1960) die Aufmerksamkeit vieler Akademiker[41]. Auch heute noch findet man Anhänger dieser These[42]. Das Spezialgebiet Schultens war die Suche nach einem ebenso geheimnisumwitterten Ort wie Atlantis – Tartessos. Schulten glaubte, dass dort die Lösung des Atlantisrätsels zu finden sei.

„Tartessos“ wurde in der Antike eine Region im Süden Spaniens genannt[43]. Der Name bezeichnete sowohl einen Fluss als auch die Stadt, die an seiner Mündung gelegen haben soll. Die Lokalisierung dieser Metropole, bis heute nur durch antike Autoren wie Herodot bekannt, ist allerdings umstritten. Reich wurde die Stadt durch Handel mit

41 A. Schulten, Atlantis. Rheinisches Museum für Philologie. Neue Folge, Band 28, 1939, 326 – 346.

42 R. W. Kühne, A location for “Atlantis”, Antiquity Vol 78, Nr. 300, Juni 2004.

43 E. H. Warmington, Tartessus. In: N. G. L. Hammond, H. H. Scullard (ed.), The Oxford Classical Dictionary. Second Edition (Oxford 1973) p. 1039.

Phönizien und Britannien. Begehrt war vor allem das in Südwest-Britannien zu Tage geförderte Zinn, das seinen Weg über Tartessos in den Mittelmeerraum fand. Es wird spekuliert, dass bereits die kretischen Minoer im 2. Jahrtausend vor Chr. die Stadt besuchten.

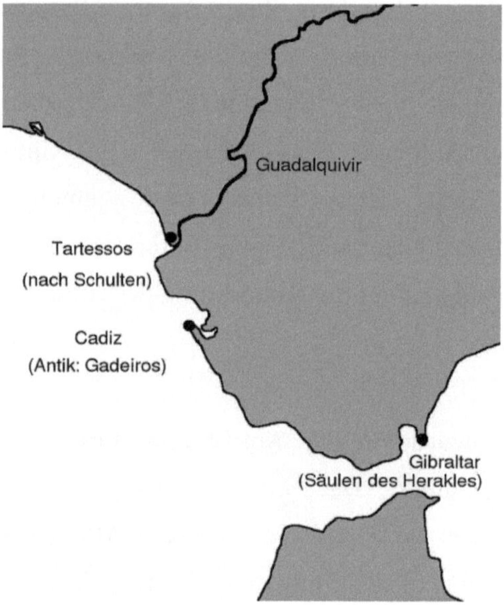


Abb. 4: Vermutliche Lage von Tartessos

Sogar in der Bibel wird es möglicherweise erwähnt, wenn man das dort genannte Tarsis mit Tartessos gleichsetzt: „*Die Inseln harren auf mich und die Tarsisschiffe vor allem, dass sie deine Söhne von ferne herbringen samt ihrem Silber und*

*Gold für den Namen des Herrn, deines Gottes, und für den Heiligen Israels, der dich herrlich gemacht hat*" (Jesaja Kapitel 60 Vers 9). Im Buch Jona will sich der Prophet Jona vor einem göttlichen Auftrag drücken, und nimmt ein Schiff nach Tarsis, das in dieser Geschichte als Symbol für das Ende der Welt steht. Doch kann er sich selbst durch diese weite Reise nicht seiner Bestimmung entziehen und letztlich geht er doch nach Ninive, wo er die Menschen zur Buße bewegen soll.

Etwa um 500 v. Chr. wurde Tartessos vermutlich von den Karthagern zerstört, da danach die Kontrolle über die Meerenge von Gibraltar an Karthago überging und Tartessos aus den Annalen verschwand. Seine Stellung verdankte die Stadt der Lage außerhalb der Meerenge. Es war ein naheliegender Anlaufpunkt für alle Schiffe, die Gibraltar passierten. Einige der wenigen Zeugnisse zu Tartessos kommen von Herodot[44]. Dieser schreibt von einem Handelsschiff aus Samos, das gleich dem sagenhaften Helden Odysseus zu einer Irrfahrt durch das ganze Mittelmeer gezwungen wird: „*Das Schiff fuhr dann wieder ab und richtete seinen Kurs auf Ägypten; aber der Ostwind trieb es zurück, und weil der Sturm immer fort wehte,*

44 Herodot, Historien. Buch IV, Kap. 152. Übersetzt von A. Horneffer (Stuttgart 1971).

*führte er es durch die Säulen des Herakles hindurch, und sie kamen nach Tartessos. So war es der Wille der Götter. Dieser Handelsplatz Tartessos war zu jener Zeit noch gar nicht bekannt; als daher das Schiff wieder heim kam nach Samos, brachte es einen so reichen Erlös seiner Waren mit zurück wie nie ein hellenisches Schiff, von dem wir genaue Kunde haben.“*

Als die eigentlichen Entdecker von Tartessos nennt Herodot[45] allerdings Seefahrer aus der ionischen Stadt Phokaia: *„In Tartessos schlossen sie Freundschaft mit dem König des dortigen Volkes, der hieß Arganthonios und war 80 Jahre lang Herrscher von Tartessos. Gelebt hat er im ganzen hundertzwanzig Jahre. Dieser Mann also wurde ein Freund der Phokaier . . .“*

Doch kehren wir wieder zu den Forschungen Schultens zurück. Ihm blieb es nicht vergönnt, Tartessos zu finden, obwohl er sich dieser Aufgabe sein Leben lang widmete. Zwar zeugen immer wieder Aufsehen erregende Funde von der reichen Kulturgeschichte der südiberischen Halbinsel, aber Tartessos ist bis heute unauffindbar geblieben. Wie kam Schulten aber dazu, Atlantis mit Tartessos gleichzusetzen? Der Schlüssel sind die einzigen Ortsangaben in der Sage.

45 Herodot, Historien. Buch I, Kap. 163. Übersetzt von A. Horneffer (Stuttgart 1971).

Poseidon zeugte demnach mit einer Sterblichen 10 Söhne, unter denen die Insel Atlantis aufgeteilt wurde. Im Zusammenhang mit dem Zweitgeborenen folgt eine etwas verwirrende geographische Beschreibung: *„Dessen nachgeborenen Zwillingsbruder* (der Bruder des erstgeborenen Atlas), *dem das äußerste, nach den Säulen des Herakles, dem Landstrich, der jetzt der Gadeirische heißt, gelegene Stück der Insel zugefallen war, nannte er in griechischer Sprache Eumelos, in der des Landes aber Gadeiros, was dann jenem Gebiet die Benennung geben konnte"*.

Platon spricht zwar eindeutig von dem „äußersten" Teil der Insel, erwähnt aber im gleichen Atemzug die „Säulen des Herakles" (Gibraltar) und das „Gadeirische Land". Zur Zeit Platons lag jenseits von Gibraltar im Süden der Iberischen Halbinsel die Stadt „Gades", das heutige Cádiz, ursprünglich eine Gründung von Phöniziern aus Tyros. Es liegt natürlich nahe, anzunehmen, dass das Zitat diese Gegend meint. In eben dieser Gegend wurde aber auch Tartessos vermutet. Dieses verwirrende Zitat, in dem offenbar die Insel Atlantis und die Südküste der Iberischen Halbinsel identisch sind, könnte durch die Tatsache entstanden sein, dass in der altägyptischen Sprache mitunter nicht eindeutig zwischen "Insel" und "Küste" unterschieden wird. Dies könnte in einer griechischen Übersetzung zu Konfusion geführt haben. Man könnte also sagen, dass diese Textstelle ein weiteres Indiz für das Vorhandensein eines ägyptischen Urtextes darstellt.

Zu Platons Zeiten war die Verbindung zu Tartessos bereits abgebrochen, so dass es gelegentlich mit Gades verwechselt wurde. Schulten war nun zu dem Schluss gekommen, die Legende von Atlantis müsse eine Mischung aus Dichtung und Wahrheit sein, und hielt die Annahme, dass Atlantis tatsächlich eine große Insel im Atlantik gewesen war, die vor 9.000 Jahren unterging, für unglaubwürdig. Anstatt aber die Erzählung Platons ins Reich der Fabel zu verweisen, hielt er dennoch an der Vorstellung fest, dass sich in dem Bericht ein Körnchen Wahrheit befinden müsse. Ein wichtiger Hinweis war für ihn der Bericht des Platon von schlammigen Untiefen, die durch das Versinken von Atlantis entstanden sein sollen. Solche Untiefen können sich z. B. in der Nähe der Mündungen großer Flüsse befinden, die große Mengen an Sediment mit sich führen. An einem solchen Fluss, am Guadalquivír, vermutete Schulten Tartessos. Der Grund, weshalb Tartessos bis heute noch nicht gefunden wurde, liegt wohl darin, dass die Flussmündung sich seit der Antike stark verändert hat. Schulten war allerdings fest davon überzeugt, dass die Ruinenstätte noch erhalten sein müsse, da nach seiner Meinung eher Land angeschwemmt als abgetragen worden war. Laut Strabon[46] lag die Handelsstadt zwischen zwei Mündungsarmen des gleichnamigen Flusses Tartessos: *„Da die Ausflüsse des Stromes zwei sind, so soll auf dem Zwischenlande ehedem eine Stadt bewohnt worden sein, die dem Strome gleichnamig Tartessos hieß; die Landschaft aber, sagt man, hieß Tartessis, wo jetzt die Turduler wohnen."* Diesen sog. Turdulern und Turdetanern widmet Strabon[47] einen ganzen Abschnitt in seiner „Erdbeschreibung": *„Diese sind als die gebildetsten aller Iberen bekannt; sie bedienen sich der Schreibkunst und haben Schriftbücher ihrer alten Denkzeit, auch Gedichte und Gesetze in Versmaß seit sechstausend Jahren, wie sie behaupten."*

Mit den geographischen Angaben von Strabon im Gepäck zog Schulten 1922 los, um die sagenhafte Handelsmetropole zu finden. Doch dies war leichter gesagt als getan. Die Grabungskampagnen auf einer „altalluvialen Insel"[48] zwischen diesen beiden Mündungsarmen führte lediglich zur Entdeckung eines römischen Fischerdorfes, das um 300 n. Chr. bewohnt war. Nach seinem Bericht würden sich die

46 Strabon, Erdbeschreibung, 3.2.11. Übersetzt von C. G. Groskurd. Nachdruck von 1831 (Hildesheim, Zürich, New York 1988).

47 Strabon Erdbeschreibung, 3.1.4. Übersetzt von C. G. Groskurd. Nachdruck von 1831 (Hildesheim, Zürich, New York 1988).

48 A. Schulten, Atlantis. Rheinisches Museum für Philologie. Neue Folge, Band 28, 1939, 332.

Mauern der Siedlung „weithin erstrecken“[49], die Grabungen wären aber durch Wald, Dünen und Grundwasser erschwert worden. Nach seiner Meinung war die Kampagne, die bis 1926 andauerte, dennoch nicht völlig umsonst, da in den Ruinen des Dorfes ein Ring mit einer griechischen Inschrift aus dem 6. Jahrhundert v. Chr. aufgefunden wurde. Darüber hinaus vermutete er, dass die ehemaligen Bewohner ihre Häuser mit Steinen aus Tartessos gebaut hätten. Also musste die Stadt in unmittelbarer Nähe liegen. Doch seine Bemühungen waren nicht von Erfolg gekrönt. Bei Strabon findet sich allerdings noch eine weitere Ortsangabe für die Lage von Tartessos, die Schulten aber offensichtlich nicht in Erwägung zog: *„Einige aber nehmen Tartessos für das jetzige Karteia.“* Das antike Karteia lag in der Nähe von Gibraltar, an der Bahia de Algeciras. Obwohl auch diese Bemerkung von einigen Forschern ernstgenommen wurde, hat man dort bis heute vor allem nur römische Ruinen gefunden.

Schulten sah zahlreiche Parallelen zwischen Tartessos und der Atlantislegende. Die geographische Beschreibung von Platon fand er bis in alle Einzelheiten bestätigt:
*„. . . dem das äußerste, nach den Säulen des Herakles, dem Landstrich, der jetzt der Gadeirische heißt, gelegene Stück*

49 Schulten 1939, 333.

*der Insel zugefallen war“*. Gades lag von dem wahrscheinlichen Standort von Tartessos aus gesehen tatsächlich in Richtung der „Säulen des Herakles“. Ähnlich der Hauptstadt von Atlantis, so habe nach Schultens Meinung auch Tartessos auf einer Insel zwischen den Mündungsarmen des Flusses Guadalquivír gelegen. Die Ebene, in der der Fluss liegt, wäre das Vorbild für die von Kanälen durchzogene Ebene gewesen, die Platon für Atlantis beschreibt. Strabon berichtet ebenfalls von einem Netz von Kanälen, die vom Tartessos abzweigten. Schulten vermutete, dass dieses Kanalnetz bereits während der Blütezeit von Tartessos bestand. Wie bei Atlantis war auch der Reichtum von Tartessos legendär. Reichtum an Metallen wurde mit beiden Orten verbunden. Wie die Atlanter waren auch die Einwohner von Tartessos große Seefahrer. Der in der Atlantislegende vorkommende Stierkult würde laut Schulten ebenfalls nach Iberien verweisen, da schon den alten Iberern der Stier heilig war. Wie Atlantis unterging, so verschwand auch Tartessos aus dem Bewusstsein der Menschen, als die Karthager die Meerenge von Gibraltar für alle Handelsschiffe sperrten und sich so ihr Handelsmonopol sicherten.

Die moderne Forschung sieht Schulten allerdings zunehmend als Phantasten, der hinter einem Phantom herjagte. In der Archäologie umfasst der Begriff „Tartessische Kultur“ die Zeit vom 8. bis ins 3. Viertel des 6. Jahrhundert v. Chr.[50] Das Kerngebiet liegt rund um den Guadalquivir, wobei sich die Funde vor allem am Unterlauf konzentrieren. Im Gebiet des heutigen Huelva liegt der wohl am ausführlichsten untersuchte tartessische Hafenplatz, der in der Antike als „Onuba“ bekannt war. Onuba lag an der westlichen Seite eines Sporns, der durch den Zusammanfluss von Rio Odiel und Rio Tinto gebildet wird. Archäologische Grabungen brachten die Reste einer umfangreichen Siedlung zu Tage. Im Hafen fanden sich Reste von Öfen, in denen Silbererz ausgeschmolzen wurde, sowie griechische Keramik, deren jüngste Funde um 540/530 v. Chr. Zu datieren sind. Einige Archäologen sehen in Onuba sogar einen Kandidaten für Tartessos, doch konkrete Hinweise, die diese These unterstützen, fanden die Forscher nicht. Immerhin konnten die Grabungen in den Tartessischen Siedlungen und Gräberfeldern bestätigen, dass die Region wegen ihres Erzreichtums unter den Händlern des Mittelmeeres äußerst beliebt war. Viele Wissenschaftler sehen heute die Suche nach Tartessos kritisch. Sie verbinden vielmehr den gesamten Kulturraum mit dem Begriff „Tartessos“, die Suche nach einer konkreten Stadt rückte

50 M. Blech, Tartessos. Hispania Antiqua. Denkmäler der Frühzeit (Mainz 2001), 312 ff.

immer mehr in den Hintergrund. Die Kultur stand unter dem Einfluß der Phönizier, die an der Südküste Spaniens Handelsniederlassungen hatten. M. Blech[51] vermutet sogar anhand der Siedlungsfunde, dass das Gebiet der Tartessischen Kultur in viele kleinere Herrschaften zersplittert war: „Die wenigen Angaben ergeben ein grob gerastertes Bild, in dem Vorstellungen von größeren Territorialherrschaften keinen Platz finden.“

Trotz dieser Entwicklung wurde in jüngerer Zeit die These Tartessos = Atlantis von R. W. Kühne[52] wieder aufgegriffen. Die von Platon beschriebenen Ereignisse hätten seiner Ansicht nach in der späten Bronzezeit um 1.200 v. Chr. stattgefunden, als die Hochkulturen entlang der östlichen Mittelmeerküste durch ein Bündnis seefahrender Völker bedroht wurden. Auf Satellitenbildern wäre im Becken des Unterlaufes des Guadalquivír eine 230 x 140 m messende rechteckige Struktur zu erkennen, die man als Tempel des Poseidon der Atlantislegende identifizieren könne. Diese und weitere Strukturen lägen in einem Gebiet namens “Marisma de Hinojos” im Parque Nacional de Donana of Andalusia. Die Identifizierung als Tempel des Poseidon wurde mit der ähnlichen Größe begründet (185 x 92m nach

51 M. Blech, Tartessos. Hispania Antiqua. Denkmäler der Frühzeit (Mainz 2001) 345.

52 R. W. Kühne, A Location for “Atlantis”, Antiquity Vol 78, Nr. 300, Juni 2004.

Platon). Doch trotz dieser Entdeckungen bleibt aber noch abzuwarten, ob dort tatsächlich das Tartessos der Antike gefunden wurde. Auch ist die Indizienkette bis jetzt leider zu dürftig, um die Gleichung Tartessos = Atlantis zu beweisen. Der einzige wirkliche Anhaltspunkt, Atlantis hier anzusiedeln, ist die geographische Ortsangabe im Kritias-Dialog. Doch die Suche nach Tartessos wird spannend bleiben, auch wenn man Atlantis nicht in Südspanien finden wird.

## Der Untergang der Minoer

Am Anfang der Geschichte Athens stand nach Herodot[53] eine Auseinandersetzung zwischen den griechischen Göttern Athena und Poseidon, die sich um Attika stritten. Um seinen Anspruch zu bekräftigen, ließ Poseidon eine Salzquelle aus dem Boden sprudeln. Dagegen Athena pflanzte einen Ölbaum. Die zwölf göttlichen Schiedsrichter, die die Auseinandersetzung zu schlichten hatten, entschieden daraufhin, dass Athena einen rechtmäßigen Anspruch auf das Land habe. Poseidon aber geriet in Zorn und überschwemmte die fruchtbare Ebene bei Eleusis und ganz Attika mit einer Springflut.

Könnte dieser Mythos auf eine wahre Begebenheit zurückzuführen sein? W. Brandenstein[54] hielt dies für durchaus möglich. Neben dem Archäologen Spyridon Marinatos war er einer der ersten, die auf eine kleine Insel in der Ägäis aufmerksam wurden, der Vulkaninsel Santorin, auch unter dem antiken Namen „Thera" bekannt. Könnte hier der Geburtsort der Atlantislegende liegen? Marinatos war davon fest überzeugt. Er versuchte einen Zusammenhang zwischen dem Untergang des sagenhaften

53 Herodot, Buch VIII, Kap. 55.
54 W. Brandenstein, Atlantis (Wien 1951) 65.

Atlantis und einem Vulkanausbruch auf Santorin um die Mitte des 2. Jahrtausends v. Chr. herzustellen, der nach seiner Ansicht die blühende vorgeschichtliche Kultur der Minoer auf der Insel Kreta vernichtete. Seine gewagte These riefen aber schnell Kritiker auf dem Plan. Der griechische Archäologe ließ sich dadurch allerdings nicht entmutigen und begann in den 60er Jahren des 20. Jahrhunderts mit Grabungen auf der Vulkaninsel.

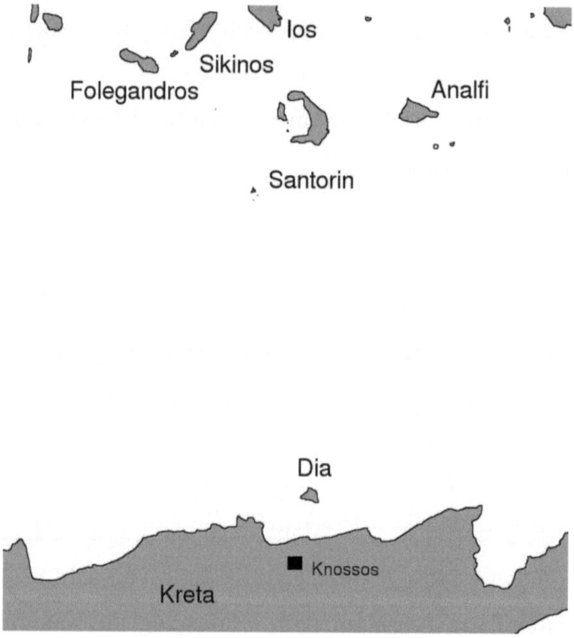


Abb. 5: Santorin und Kreta

Santorin liegt etwa 100 km nördlich von Kreta[55]. Noch heute ist der riesige Krater sichtbar, der Überrest einer der größten Vulkankatastrophen, welche die Menschheit je erlebt hat. Etwa um die Mitte des 2. Jahrtausends v. Chr. zerstörte der Vulkan nach vermutlich jahrhundertelanger Ruhepause einen blühenden Außenposten der sog. Minoischen Kultur von Kreta. Diese Seefahrer beherrschten in der ersten Hälfte des 2. Jahrtausend vor Chr. das östliche Mittelmeer und trieben Handel mit den umgebenden Ländern[56]. Ihre Gesandtschaften machten auch in Ägypten Eindruck und wurden dort in einigen Gräbern in Wandmalereien verewigt.

Abb. 6: Palast von Knossos auf Kreta

55 K. Büsch, Neue Hinweise zum Untergang der Minoer. Internet-Publikation, meOme.de.
56 S. Alexiou, Minoische Kultur (Göttingen 1976).

Kretische Importe wie Keramik finden sich immer wieder in den Ausgrabungsstätten Ägyptens; man hat inzwischen sogar kretische Wandmalereien im Land der Pharaonen gefunden, ein durchaus ungewöhnlicher Umstand, da dies nur den Schluss zulässt, dass Mitglieder der kretischen Oberschicht, vielleicht Gesandtschaften oder Kaufleute, eine Niederlassung in Ägypten hatten[57]. Die minoische Kultur hat mehrere weitläufige Palastanlagen auf Kreta hinterlassen, die vermutlich gleichzeitig als Regierungssitz, Verwaltungszentrum und Warendepot fungierten. Der bekannteste kretische Palast ist Knossos, der vor einem Jahrhundert von dem britischen Archäologen Sir Arthur Evans ausgegraben wurde.

Abb. 7: Thron des Minos, Knossos

57 M. Bietak, Minoan Wall-Paintings Unearthed at ancient Avaris. In: Egyptian Archaeology Bd./Nr. 2 (1992) S. 26-28.

Benannt wurde die Minoische Kultur nach dem sagenhaften König Minos, um den sich ein ganzer Sagenzyklus gebildet hat, in dem auch der athenische Held Theseus eine Rolle spielt. Die komplexe Anlage des Palastes von Knossos, die noch bis zur Mitte des 13. Jahrhunderts v. Chr. genutzt wurde, könnte der Ursprung für die Sage vom sog. Minotaurus sein, einem mythischen Mensch-Stier-Wesen, das in einem Labyrinth hauste[58]. Es beginnt damit, dass die Athener dem kretischen König Minos alle neun Jahre sieben Jünglinge und sieben Jungfrauen als Tribut senden sollten, da die Athener sich nach einem Krieg unterworfen hatten. Sie wurden in dem Labyrinth eingeschlossen und fielen dort dem Minotaurus zum Opfer. Um dem ein Ende zu setzen, machte sich der athenische Königssohn Theseus zusammen mit den anderen auf die Reise nach Kreta. Dort angekommen, verliebte sich Ariadne, die Tochter des Königs, in ihn und gab ihm ein Fadenknäuel, mit dem er seinen Weg in das Labyrinth markierte. Da Ariadne ihm heimlich auch ein Schwert mitgegeben hatte, tötete er den Minotaurus und fand mit Hilfe des Fadens wieder ans Tageslicht.

Im Laufe der Grabungen auf Santorin kamen immer mehr Überreste der minoischen Zivilisation zu Tage.

58 G. Schwab, Die schönsten Sagen des klassischen Altertums (Bayreuth 1986, 9. Auflage).

Beeindruckende Wandgemälde kündeten von der Kunstfertigkeit des Volkes, das einst hier gelebt hatte. Auch die Spuren des Vulkanausbruches waren sichtbar. Massive steinerne Treppenstufen, die wie Streichhölzer geknickt waren, eingestürzte Mauern, zwei Betten, die übereinandergelegt offenbar für den Abtransport bereitstanden – den Ausgräbern offenbarte sich hier ein zweites Pompeji, nur das diese Stadt etwa 1.500 Jahre älter war als die römische Stadt am Vesuv. Doch Marinatos' Überlegungen reichten weit über die kleine Insel in der Ägäis hinaus. Rätselhafterweise war Kreta etwa um die Mitte des 2. Jahrtausends ebenfalls von einer verheerenden Katastrophe heimgesucht worden. In mehreren minoischen Palastzentren fanden die Archäologen Brandschichten und Spuren der Verwüstung. Was war geschehen? Doch je mehr die Forscher freilegten, desto größer wurde das Rätsel. Sehr bald wurde klar, dass nur wenige Generationen nach diesen Ereignissen offenbar fremde Herren vom griechischen Festland in die prächtigen Paläste einzogen. Waren die Minoer erobert worden? Marinatos glaubte die Lösung für dieses verwirrende Puzzle zu kennen: die Atlantislegende. Doch was hatte eine kleine Insel in der Ägäis mit einer Erzählung zu tun, die im 4. Jahrhundert v. Chr. zu Papier gebracht wurde ?

Abb. 8: Santorin

Marinatos war der Ansicht, dass der Vulkanausbruch auf Santorin nicht nur eine kleine Insel zerstörte, vielmehr sah er hier die Ursache für den Untergang der gesamten Minoischen Kultur. Die Naturkatastrophe könnte die minoische Zivilisation in ihren Grundfesten erschüttert haben. Die Paläste, die vor allem an den Küsten lagen, wurden seiner Überzeugung nach von ungeheuren Flutwellen überschwemmt, die durch die Explosion des Vulkanberges und den Einbruch des Meerwassers in den Krater ausgelöst worden sein könnten. Die Flotte, Grundlage der Macht der Minoischen Könige, wäre damit vernichtet worden. Die Bewohner Kretas waren nun leichte Beute für fremde Eroberer, die dann tatsächlich nur wenige Generationen nach dem Vulkanausbruch auch kamen. Von nun an wurde die Insel von den Mykenern beherrscht, die vom griechischen Festland aus Kreta unterwarfen. In Ägypten könnte das rätselhafte Ausbleiben der reichen Gesandtschaften aus Kreta in Verbindung mit den Erzählungen überlebender Kreter durchaus die Basis für eine umfangreiche Legendenbildung geschaffen haben. Im Laufe der Jahrhunderte und möglicherweise auch bedingt durch Übersetzungsfehler vom Ägyptischen ins Griechische, entstand nach dem Szenario von Marinatos schließlich die Geschichte von der sagenhaften Insel Atlantis, die innerhalb einer Nacht im Meer versank.

Tatsächlich scheint es zwischen den legendären Atlantern und den Minoern einige Gemeinsamkeiten zu geben. Die Minoer wie auch die Atlanter waren große Seefahrer. Wie in Atlantis, so wurde auch auf Kreta der Stier kultisch verehrt. Es gibt auch eine Verbindung mit Athen - der Sage nach fand ein Krieg zwischen König Minos und Athen statt, mit dem die Ereignisse rund um sein mythisches Labyrinth beginnen. Ein Krieg spielt in der Atlantislegende aber ebenfalls eine Rolle. So will Atlantis mit seiner mächtigen Flotte den gesamten Mittelmeerraum unterwerfen, am Schluss steht ihm nur noch Athen als Gegner gegenüber – das mit dem

Rücken zur Wand die Lage doch noch wenden kann. In dem Sagenzyklus rund um König Minos kann Theseus ebenfalls die scheinbar hoffnungslose Lage Athens, das durch die Tribute an Kreta gedemütigt ist, mit seinem Sieg über den Minotaurus doch noch wenden. Darüber hinaus ist Kreta ebenso wie Atlantis eine Insel und als einzige der vielen Lokalisierungen von Atlantis mit einer konkreten Naturkatastrophe in Verbindung zu bringen. Zu guter Letzt gibt es auch Handelsbeziehungen der Minoer nach Ägypten, was erklären würde, wie die Geschichte von der untergegangenen Insel nach Ägypten kommen konnte. Sogar der Umstand, weshalb die Athener nichts mehr von einer solchen Geschichte wussten, würde zu der Tatsache passen, dass am Ende der Bronzezeit um 1.200 v. Chr. die in Griechenland und Kreta verwendeten Schriften, Linear A und Linear B, verschwunden sind – sie sind bis heute nur teilweise entziffert. Erst mit dem Zeitalter Homers etwa um 800 v. Chr. wurde in Griechenland wieder die Schrift eingeführt. In diesen Jahrhunderten zwischen 1.200 und 800 v. Chr. fanden große Völkerwanderungen im östlichen Mittelmeerraum statt, und die bronzezeitlichen Staaten im griechischen Raum, wie z. B. die Mykener, verließen die Bühne der Geschichte. Mit ihnen könnte auch das Wissen um die verheerenden Folgen des Vulkanausbruches auf Santorin verlorengegangen sein. Dass die Menschen in

Griechenland einst eine Schrift hatten und diese Fähigkeit im Lauf der Geschichte wieder verlernten, wird auch in dem Atlantistext ausdrücklich von dem alten Priester erwähnt. Wie stichhaltig sind diese Vermutungen? Um etwas Licht in das Dunkel zu bringen, sehen wir uns einmal an, was Geologen und Archäologen über den Vulkanausbruch und seine Folgen für das minoische Inselreich herausgefunden haben.

Ein wesentliches Problem ist die genaue Datierung der Bimssteinschicht des minoischen Ausbruches, die sich über einen großen Teil des östlichen Mittelmeerraumes erstreckt. Wie der Geologe W. L. Friedrich[59] zu Recht bemerkt, sollte man eigentlich meinen, dass die archäologische und geologische Wissenschaft in der Lage wären, diese Schicht exakt zu datieren. Doch weit gefehlt – das genaue Datum, 1645 v. Chr. (+/- 20 Jahre), ist umstrittener denn je. Es basiert auf die Untersuchung grönländischen Eises, das Spuren vulkanischer Aktivitäten enthielt. Es ist allerdings noch nicht ganz sicher, ob diese Spuren wirklich von dem Ausbruch auf Santorin stammen. Doch eben dieses Datum ist der Schlüssel zur Chronologie der Bronzezeit des Mittelmeerraumes. Wenn man sich an die archäologischen

59 W. L. Friedrich, Feuer im Meer (Heidelberg, Berlin, Oxford 1994) 90 ff.

Chronologietabellen der Bronzezeit des östlichen Mittelmeerraumes hielte, müsste der Ausbruch etwa 100 Jahre später stattgefunden haben[60], etwa kurz vor 1.500 v. Chr.

Abb. 9: Vulkanische Ablagerungen auf Santorin

Eine Wende in der Diskussion brachte ein auf den ersten Blick recht unscheinbarer Fund – der Ast eines Olivenbaumes, der in den Ablagerungen des Vulkanausbruches auf Santorin in der Nähe von Akrotiri geborgen wurde. In der Universität Hohenheim wurden die 72 Jahresringe durch Michael Friedmann[61] untersucht. Die

60 O. Dickinson, The Aegean Bronze Age (Cambridge 1994) 16 f., 19.

61 Friedmann 2006 (Pressemitteilung der Uni Hohenheim (http://www.uni-hohenheim.de/presse/pm_anzeigen.php?id=244))

sog. Dendrochronologie, also ein Untersuchungsverfahren, das sich auf die Auswertung von Jahresringen abgestorbener Hölzer stützt, ist schon seit einigen Jahrzehnten wissenschaftlich anerkannt und wird zunehmend auch zur Datierung von archäologischen Fundschichten benutzt, sofern geeignetes Holzmaterial zu Verfügung steht. Kern des Verfahrens ist die Entdeckung, dass Jahresringe in Jahren mit guten klimatischen Bedingungen breiter und in weniger guten Jahren, z. B. bei Dürre, schmaler ausfallen. So ergibt sich in der Abfolge der Ringe ein typisches Muster, das sich in ein und demselben Zeitraum bei allen Bäumen derselben Art einer bestimmten Region gleicht. Wenn man nun genügend Proben gesammelt hat, kann man einen "dendrochronologischen Kalender" erstellen, der je nach Baumart und Region weit in die Vorgeschichte zurückreichen kann. Dieses Untersuchungsverfahren ist wesentlich genauer als die $C^{14}$-Methode. Während bei der $C^{14}$-Methode aber eine Probe ausreicht, die etwas Kohlenstoff enthält, ist man bei der Dendrochronologie auf gut konservierte Hölzer angewiesen, die eine ausreichende Anzahl von Jahresringen aufweisen. Dies ist leider nur selten der Fall, da für die Konservierung von Holz bestimmte Bedingungen benötigt werden, wie z. B. die Lagerung unter Sauerstoffabschluss. So war die Entdeckung des

Olivenbaumastes ein außerordentlicher Glücksfall für Geologen und Archäologen. Das Ergebnis der Untersuchungen überraschte dann allerdings alle: Mit einer Wahrscheinlichkeit von 95 % fand der Ausbruch zwischen 1.627 und 1.600 v. Chr. statt. Wie sich dies nun auf die Chronologie der Bronzezeit des östlichen Mittelmeerraumes auswirkt, wird die wissenschaftliche Diskussion der nächsten Jahre zeigen .

Der geneigte Leser wird sich vielleicht mittlerweile fragen, was um alles in der Welt dies nun mit Platons Atlantis zu tun hat? Nun – nicht gerade wenig. Denn die Kernthese von Marinatos ist, wie bereits angedeutet, dass der Vulkanausbruch unmittelbare Auswirkungen auf das Ende der Minoischen Kultur hatte und deren langsamen Niedergang in den folgenden Jahrhunderten einleitete. Die gewaltige Katastrophe mit ihren Erdbeben und Flutwellen wäre in Verbindung mit diesem Niedergang der Ursprung der Atlantislegende gewesen. Um Marinatos' These zu überprüfen, wäre natürlich die exakte Datierung der Katastrophe nicht gerade unwichtig. Im schlimmsten Falle würde sich die Chronologie derÄgäischen Bronzezeit um ein Jahrhundert nach hinten verschieben - auf Marinatos' Gedankengebäude hätte dies zunächst keine Auswirkungen. Eines ist aber festzuhalten: Welche Datierung man für den

Vulkanausbruch von Thera auch bevorzugt, die Minoische Kultur verschwand nicht mit dieser Katastrophe, sondern bestand noch bis weit ins 15. Jahrhundert v. Chr. hinein. Erst während der Regierungszeit des ägyptischen Pharaos Thutmosis III. (1479 – 1426) reißen die Verbindungen von Kreta nach Ägypten ab, die vor allem durch kretische Importkeramik oder Darstellungen von kretischen Gesandtschaften auf Wandmalereien in ägyptischen Gräbern dokumentiert sind[62]. Der Grund ist in der Übernahme der Insel durch die benachbarten Mykener zu suchen.

Der eigentliche wunde Punkt in Marinatos' Gedankengebäude ist aber nicht die absolute, sondern die *relative Datierung*. Die sog. absolute Datierung betrifft das tatsächliche Alter der Katastrophe, die relative aber die genaue Abfolge der Ereignisse. So sind die Auswirkungen der Katastrophe auf Kreta umstritten. Fakt ist, dass während der Phase Spätminoisch I (1550-1430 v. Chr. nach Arthur Evans und Nikoalos Platon), also etwa zur Zeit der Eruption von Thera, Kreta von einer größeren Katastrophe heimgesucht wurde, die zur Zerstörung von mehreren großen Zentren der Minoischen Kultur führte. Marinatos[63]

---

62 Sp. Marinatos, Some Words about the Legend of Atlantis (Athen 1971²) 25.

63 Sp. Marinatos, Kreta, Thera und das Mykenische Hellas (München 1976³) 15.

findet deutliche Worte für das Ereignis: „Die Zerstörung um 1500 v. Chr. ist die größte, verheerendste und unheimlichste für die gesamte minoische Kultur gewesen. Nicht nur die Paläste samt den umliegenden Städten, nicht nur die Herrscherhäuser, sondern auch alle übrigen Siedlungen – Gurnja, Psyra, Palaikastro, Zakros, Hafenanlagen, wie Amnissos, Niru Chani, Gräber, wie das Tempelgrab von Knossos, und selbst die Grotte von Arkalochori, deren Decke auf die darin befindlichen Metallschätze stürzte, wurden vernichtet und für immer verlassen." Es scheint sich dabei um ein Erdbeben gehandelt zu haben, wie u. a. durch die Ausgrabung des Palastes von Zakros dokumentiert wurde. Der Ausgräber Nikolaos Platon bemerkt dazu[64]: „Alle Anzeichen beweisen, dass der mächtige Bau einer plötzlichen und gewaltigen Katastrophe zum Opfer gefallen ist. Er ist zusammengestürzt und gleichzeitig verbrannt." Ebenso zerstört wurde der Palast von Hagia Triada[65]. Dieser war offenbar zu diesem Zeitpunkt der Sitz des Herrschers, wie Schrifttafeln, Siegelabdrücke, Schatzfunde und Wandmalereien bezeugen. Letzterer wurde nach Marinatos[66] während der Blütezeit der Spätminoischen Zeit I zerstört, die noch weiter in SM I a und SM I b unterteilt ist. Die meisten Keramikfunde aus dem Zerstörungshorizont lassen sich in

64 Marinatos 1976$^3$, 40.
65 Marinatos 1976$^3$, 37.
66 Marinatos 1976$^3$ 15 f.

Spätminoisch I a datieren (1550-1520 v. Chr.) – nur einzelne Gefäße gehören in die Phase I b (1520-1430 v. Chr.). Obwohl die archäologischen Funde dafür bisher keine Klarheit bringen konnten, vermutete Marinatos zunächst Flutwellen als Ursache für die Zerstörung der Küstennahen Orte, u. a. Zakros. Da aber eine Flutwelle wohl kaum einen Brand als Folge hätte, ist diese These zumindest im Fall Zakros wohl kaum zu halten. Doch könnte in Zakros dennoch ein Zusammenhang mit dem Vulkanausbruch gegeben sein, da es durchaus häufiger vorkommt, dass Erdbeben als Begleiterscheinungen von größeren Vulkankatastrophen auftreten. Wie Marinatos[67] selbst bemerkt, liegt Kreta in einer Erdbebenzone – in jedem Jahrhundert ist auf der Insel mit drei großen Beben zu rechnen.

Begeben wir uns nun wieder nach Thera. Die Keramikgefäße der Siedlung Akrotiri sind, wie die meisten Funde aus dem Zerstörungshorizont auf Kreta, in die Phase Spätminoisch I a zu datieren. Doch gibt es ernstzunehmende Hinweise auf ein geringfügig höheres Alter der Funde von Akrotiri im Vergleich zu den Funden des Katastrophenhorizontes auf Kreta. So wurden im Palast von Zakros Fresken entdeckt, die in der Art des sog. „Fortgeschrittenen Meeresstiles" ausgeführt waren. Auf Thera, wo sehr viele Fresken

67 Marinatos 1976[3], 48.

aufgefunden wurden, ist dieser Stil nur in einer frühen Stufe anzutreffen. Marinatos vermutete zunächst, dass der Einfluss der kretischen Wandmalereien sich erst leicht zeitversetzt auf Thera auswirkte. Später schloss er allerdings nicht mehr aus, dass eine Generation zwischen den Ereignissen auf Thera und Kreta lag. Dieser Gedanke ist nicht ganz von der Hand zu weisen. Die älteren Funde auf Thera könnten, wie Marinatos vermutete, tatsächlich auf eine zeitliche Lücke zwischen den Ereignissen auf Thera und Kreta hinweisen. Das Vorhandensein einer zeitlichen Lücke wird auch von Warren[68] angenommen. Er kann dafür auch einige archäologische Befunde auf Kreta anführen, wo Bimsstein im Zusammenhang mit Funden entdeckt wurde, die aus der Zeit *vor* der spätminoischen Erdbeben-Katastrophe auf Kreta stammen.

Mit den archäologischen Belegen für eine zeitliche Lücke gerät Marinatos' Hauptthese, dass der Vulkanausbruch, der während der Phase Spätminoisch I a stattfand, den langsamen Niedergang der Minoischen Kultur herbeigeführt habe, ein wenig ins Wanken. Die Erdbeben-Katastrophe während der Spätminoischen Phase I b ist sehr wahrscheinlich nicht mit der Vulkaneruption in Verbindung

68 P. M. Warren, The Minoan civilisation of Crete and the volcano of Thera. The journal of ancient chronology forum, Band 4, 1990/1991 (1991), 29-39.

zu bringen. Auch wenn der Vulkan hier möglicherweise keine Rolle gespielt hat, ist diese Katastrophe aber vermutlich der Auslöser für den folgenden Niedergang. Die Minoer hatten sich in den darauffolgenden Jahrzehnten nie mehr richtig von diesem Schlag erholt und waren nicht mehr in der Lage, den Mykenern Widerstand zu leisten. Die neuen Herren hinterließen ihre Spuren u. a. auch im Palastarchiv von Knossos. Die Verwaltungssprache war nun Griechisch. Marinatos selbst war leider nicht mehr in der Lage, sich zu den neueren geologischen Datierungen der Thera-Eruption zu äußern. Er wurde 1974 während seiner Grabungen auf Thera durch eine einstürzende Mauer erschlagen.

Mit ihm ist die Atlantis-These weitgehend aus der wissenschaftlichen Diskussion verschwunden. Wenn auch die Verbindung des Vulkanausbruches mit dem Untergang der Minoer nicht mehr gesichert erscheint – eine Erdbebenkatastrophe als Ursache für den Niedergang einer einst reichen und mächtigen Seefahrerkultur könnte durchaus Anlass für Legendenbildung gegeben haben, wie wir nicht zuletzt an der Sage vom Minotaurus erkennen können. Wie bereits erwähnt, wurden Stieropfer regelmäßig dem Meeresgott Poseidon dargebracht, dem "Erderschütterer" - vielleicht ist hier tatsächlich noch ein Nachhall der großen Katastrophe zu spüren, die einst die

Minoer heimgesucht hat. Doch was die Zerstörungen der Paläste auch verursacht hat und wenn man auch noch keine ägyptischen Quellen entdecken konnte, die die Katastrophe auf Kreta beschreiben, in einem Punkt muss man Marinatos Recht geben: Der Untergang der Minoer ist wohl mindestens ebenso rätselhaft wie die Legende von der untergegangenen Insel Atlantis.

## Troja

*„Göttin, singe mir nun des Peleussohnes Achilleus*
*Unheilbringenden Zorn, der tausend Leid den Achäern*
*Schuf und viele stattliche Seelen zum Hades hinabstieß*
*Der Heroen, sie selbst zur Beute machte den Hunden*
*Und den Vögeln zum Fraß – Zeus' Ratschluß ging in Erfüllung . . .“*
(Homer , Ilias)[69]

Im Jahr 1998 erschien im Spiegel ein Artikel[70], welcher der erstaunten Öffentlichkeit ein groß angelegtes Forschungsprojekt vorstellte, das die Ebene rund um Troja erforschen sollte. Schweres Gerät wurde aufgefahren: den Boden durchdringende Magnetometer und ein Spezialhubschrauber mit einem elektromagnetischen Induktionsgerät, das verborgene Bodenschichten bis in 150 m Tiefe erfassen konnte. Das Ziel war das Aufspüren verlandeter Hafenanlagen aus der Bronzezeit. Nicht zum ersten Mal und wahrscheinlich auch nicht zum letzten Mal versuchte man, die sagenumwobene Hauptstadt von Atlantis zu finden. Doch ausgerechnet Troja? Organisator dieser

69 Homer Ilias. Übersetzung und Nachwort Roland Hampe (Stuttgart 1979).
70 M. Schulz, Das Puzzle des Philosophen. Spiegel, 53/1998.

Aktion war Eberhard Zangger, ein Geoarchäologe, der die Ansicht vertrat, dass die Atlantislegende nur eine verfremdete Darstellung des Trojanischen Krieges sei. Durch einen komplizierten Überlieferungsweg über Ägypten sei der Bericht über die kriegerische Auseinandersetzung u. a. durch Übersetzungsfehler unkenntlich gemacht worden. Platon habe dies im Verlauf seiner Arbeit an den beiden Dialogen "Timaios" und "Kritias" schließlich selbst erkannt und sein Werk unvollendet gelassen. Die nur auf den ersten Blick ein wenig weit hergeholte Theorie stellt Zangger in einem größeren Zusammenhang mit kriegerischen Umwälzungen um 1.200 v. Chr., die den ganzen östlichen Mittelmeerraum betrafen. Mit seiner bereits 1992 formulierten These stieß Zangger nicht überall auf Zustimmung[71]. Die Ilias, der Anfang aller abendländischen Literatur, ist noch immer unter vielen Philologen, Althistorikern und Archäologen eine Art Heiligtum, um das schnell hitzige Debatten entfacht werden können. Der Tübinger Archäologe Korfmann, der die letzten Troja-Grabungen leitete, nannte Zangger einen „Däniken". Um die vehemente Kritik an den Thesen des Geoarchäologen zu verstehen, muss man sich ein wenig mit der Forschungsgeschichte Trojas befassen.

71 E. Zangger, Die Zukunft der Vergangenheit (München 1998).

Das Epos erzählt vom sog. Trojanischen Krieg, als eine griechische Armee zehn Jahre lang Troja belagerte. Wie in vielen Sagen spielt natürlich eine schöne Frau eine wesentliche Rolle. Der trojanische Königssohn Paris sollte einen Streit zwischen den Göttinnen Hera, Athena und Aphrodite schlichten[72]. Jede der drei wollte die Schönste sein – und um einen unparteiischen Schiedsrichter zu finden, entschlossen sie sich unter den Menschen jemanden zu suchen. Paris sollte nun entscheiden – und ein wenig Bestechung war ebenfalls mit im Spiel. Hera bot die Herrschaft über das mächtigste Reich auf Erden, Athena Weisheit. Doch das Angebot der Liebesgöttin Aphrodite war wohl unwiderstehlich: Die schönste Frau auf Erden sollte seine Frau werden. Dummerweise war diese bereits verheiratet. Doch als Paris Helena, die Gattin des Spartanerkönigs Menelaos begegnete, entführte er sie kurzerhand und brachte sie nach Troja. Dies konnte Menelaos natürlich nicht auf sich sitzen lassen. Unter der Führung seines Bruders, König Agamemnon von Mykene, wurde eine Armee aufgestellt, an der sich viele griechische Könige und Fürsten beteiligten.

72 G. Schwab, Die schönsten Sagen des klassischen Altertums (Bayreuth 1974) 193 ff.

Die „Ilias“ erzählt allerdings nicht den gesamten Kriegsverlauf, sondern einen entscheidenden Wendepunkt im zehnten Kriegsjahr, als sich der tapferste Krieger der Griechen, Achilleus, aufgrund eines Streites mit Agamemnon von dem Kriegsgeschehen zurückzieht und dadurch fast eine Niederlage verschuldet. Erst als sein Freund Patroklos durch Hektor, einen Bruder des Paris, getötet wird, besinnt er sich und wendet das Kriegsglück, indem er Hektor im Zweikampf besiegt. Erobert wird die Stadt allerdings erst durch eine List des Odysseus. Dieser täuscht einen Rückzug der Griechen vor und hinterlässt nur ein hölzernes Pferd, ein Weihegeschenk an die Götter. Die Trojaner ziehen es ahnungslos in ihre Mauern. Als sie schlafen, stürmen Griechen, die sich in dem Pferd verborgen haben, hervor und öffnen die Tore für das griechische Heer.

Die Ilias entstand um 750 v. Chr. und wird dem Dichter Homer zugeschrieben[73]. Allerdings geht das Epos vermutlich auf viel ältere mündliche Überlieferungen zurück. Homer könnte möglicherweise als eine Art „Redakteur“ angesehen werden, der verschiedene mündlich überlieferte Dichtungen zu einem Werk zusammenfasste. Doch bereits hier sind sich die Philologen[74] äußerst uneinig. Manche schreiben Homer

73 D. Hertel, Troia. Archäologie, Geschichte, Mythos (München 2001) 10 ff.

74 Klassische Philologie: Wissenschaft von der Sprache und

sehr viel Anteil am Entstehen des Epos zu, andere fragen sich, ob Homer überhaupt existiert hat. Die Ilias hat die griechische Kultur geprägt wie kein zweites literarisches Werk. Unzählige antike Autoren verarbeiteten den Sagenstoff zu Dramen und epischen Werken. So war auch in Rom das Interesse an den Erzählungen über Troja so groß, dass Vergil um 30 n. Chr. ein eigenes römisches Epos verfasste. Diese sog. Aeneis schloss sich inhaltlich unmittelbar an den Trojanischen Krieg an und endete mit der Gründung Roms. Im Laufe der Jahrhunderte wurde die Ilias trotz Völkerwanderung und des Untergangs der antiken Kultur immer wieder neu kopiert. In der Renaissance fand mit dem wiedererwachten Interesse an der Antike auch die Ilias viele Leser. Mit dem Ende des 18. Jahrhunderts begann die moderne Homerforschung, die im 19. Jahrhundert eine völlige Kehrtwende bei der Interpretation des Epos vollzog. Nachdem man in den vergangenen Jahrhunderten noch bedingungslos daran geglaubt hatte, das hier ein historisches Geschehen erzählt wurde, zweifelte man nun völlig an das Vorhandensein eines historischen Kerns.

In diesem Augenblick trat Heinrich Schliemann auf dem Plan[75]. Von der fortschreitenden Entwicklung der

Literatur der Griechen und Römer.

75 D. Hertel, Troia. Archäologie, Geschichte, Mythos (München 2001), 25 ff.

philologischen und archäologischen Wissenschaft unbeeindruckt, war er der festen Überzeugung, man müsse nur Troja finden, um den historischen Hintergrund des Epos zu beweisen. Schliemann war eigentlich Kaufmann und hatte ein unglaubliches Vermögen angehäuft - nun konnte er es sich leisten, seinen wirklichen Interessen zu folgen. Dabei zeigte er beeindruckende Energie und Tatendrang. Er besuchte 1868 das westliche Kleinasien und traf dabei F. Calbert, der Schliemann auf einen Hügel namens Hissarlik aufmerksam machte, in dessen unmittelbarer Umgebung er das antike Troia vermutete. Calbert hatte bereits eigene Grabungen durchgeführt und das griechisch-römische Ilion/Ilium entdeckt, eine Stadt, von der man in der Antike glaubte, sie stünde an der Stelle des alten Troja. Calbert vermutete, dass auch das Troja Homers an dieser Stelle zu finden wäre, konnte aber seine eigenen Untersuchungen aufgrund familiärer und finanzieller Probleme nicht fortführen. Schliemann griff die Anregung Calberts sofort auf und begann 1870 umfangreiche Grabungen. Bis 1890 kehrte er immer wieder nach Troja zurück.

Schliemann kannte sich in der Ilias und anderen antiken Schriften bestens aus, aber er war Autodidakt, und besonders zu Beginn der Grabungen machte er aus heutiger Sicht eklatante Fehler. So ließ er tiefe Gräben durch den

Hügel ziehen, ohne Rücksicht auf die archäologischen Schichten. Calbert, der vor einem solchen Vorgehen gewarnt hatte, ignorierte er. Dies ist umso bedauerlicher, da er zwar erkannte, dass verschiedene Schichten vorhanden waren, aber das homerische Troja in einer der ältesten suchte. Ohne es zu ahnen, zerstörte er dabei große Teile der Schichten, die er eigentlich suchte. In der Kampagne von 1890 wurden schließlich größere Baureste und sog. „Mykenische Keramik" einige Schichten über „Schliemanns Troja" gefunden , in der sechsten Phase der Besiedlung. Die sog. Mykenische Kultur ist nach der Stadt Mykene in Griechenland benannt und war in der 2. Hälfte des 2. Jahrtausends v. Chr., also in der Späten Bronzezeit, in Griechenland und den Ägäischen Inseln verbreitet. Wie man sich erinnert, führt in der Ilias König Agamemnon von *Mykene* die Achäer an. Schliemann, der Mykene selbst ausgegraben hatte, war durch die Auffindung dieser Keramik verunsichert; doch bis zu seinem Tod, nicht lange nachdem diese Funde gemacht wurden, war er überzeugt, in einer der tieferen Schichten, später als „Troja II" bezeichnet, „sein" Troja gefunden zu haben. Bestärkt wurde er in dieser Annahme durch die Tatsache, dass die Stadt dieser Siedlungsphase durch eine große Brandkatastrophe untergegangen war. Aus dieser Schicht stammt auch der von Schliemann so bezeichnete „Schatz des Priamos", den er auf abenteuerlichen Wegen an den türkischen Behörden vorbei außer Landes schmuggeln ließ. Immerhin erkannte Schliemann, dass er Fachleute hinzuziehen musste. Es war wohl ein besonderer Glücksfall, dass er Wilhelm Dörpfeld gewinnen konnte, der bereits in Olympia gegraben hatte. In den Jahren 1893 und 1894 führte dieser die Grabungen weiter. Seine Troja-Publikation[76] begründete auch die Einteilung in die noch heute gültigen neun Schichten. In einem Punkt stimmte Dörpfeld mit Schliemann überein: Auch er glaubte, dass die Sage einen umfangreichen historischen Kern hatte. Allerdings nahm er die bereits erwähnte mykenische Keramik in Troja VI zum Anlass, mit dieser Schicht das homerische Troja zu identifizieren.

Zwischen 1932 und 1938 waren wieder Archäologen in Troja, diesmal von der Universität Cincinnati/Ohio unter der Leitung von C. W. Blegen. Durch seine Arbeit konnten die einzelnen Schichten noch feiner unterteilt werden. Er hielt allerdings nicht die sechste, sondern die siebente Stadt für die „richtige". Trotz der inzwischen Jahrzehnte andauernden Grabungen war der Beweis für den historischen Kern in der Ilias immer noch nicht erbracht worden. So ist es auch nicht verwunderlich, dass R. Hachmann 1964 einen historischen

76 W. Dörpfeld, Troia und Ilion. Ergebnisse der Ausgrabungen in den vorhistorischen und historischen Schichten von Ilion 1870-1894 (1902).

Krieg als Grundlage für Homers Epos völlig anzweifelte. Doch noch immer gab es nicht-untersuchte Areale in dem Siedlungshügel. Daher wurde 1988 erneut eine Grabung organisiert, diesmal von der Universität Tübingen unter der Leitung von M. Korfmann. Ebenfalls beteiligt war wieder die Universität Cincinnati. Korfmann untersuchte auch das Umfeld des Siedlungshügels, dem Problem mit dem Trojanischen Krieg stand der inzwischen verstorbene Archäologe aber wohl eher vorsichtig gegenüber. Das Ende von Troja VI brachte er zwar mit mykenischen Griechen in Verbindung, doch hatte sich Korfmann nie als Homeranhänger profiliert.

Die wahre Bedeutung von Troja liegt allerdings nicht in der Verbindung mit der Ilias. Vielmehr ist Troja ein wichtiges Zeugnis der Vorgeschichte, da die Stadt von der frühen Bronzezeit im 3. Jahrtausend bis zur Späten Bronzezeit am Ende des 2. Jahrtausends v. Chr. fast ununterbrochen besiedelt war. Bereits die älteste Siedlung besaß eine Burg und eine Untersiedlung. Die Burg von Troja II (2600 - 2400 v. Chr.) hatte schon einen Durchmesser von 120 m und ging in einer großen Brandkatastrophe unter. Auch heute noch beeindruckend sind die Mauerreste von Troja VI (1700 - 1300 v. Chr.). Allein die Burg hatte eine Befestigungsmauer von 550 m Länge und eine Innenfläche von 20.000 $m^2$.

Leider sind Palast und Kultbezirk nicht mehr erhalten, da in griechischer und römischer Zeit das Plateau des Hügels planiert wurde. Die Spuren einer Untersiedlung wurden schon von Blegen entdeckt. Durch Korfmann wurden weitere Häuser mit Steinfundamenten freigelegt, er entdeckte darüber hinaus etwa 400 m südlich der Burg einen 3,40 m breiten und 1,80m tiefen Graben. Dieser konnte an einigen Stellen nicht nur im Süden, sondern auch im Westen nachgewiesen werden. Im Süden war er in der Mitte für 10 m unterbrochen. Dahinter wurden schmale Felseinarbeitungen nachgewiesen, die nach Korfmann zur Aufnahme einer hölzernen Toranlage mit seitlichen Palisaden dienten. Der Tübinger Archäologe sah damit eine größere Unterstadt zur Zeit von Troja VI als erwiesen an.

Doch ist die Archäologie überhaupt in der Lage, den Trojanischen Krieg zweifelsfrei zu bestätigen? Als Archäologen und Historiker bereits befürchteten, an einem toten Punkt angelangt zu sein, fanden sie schließlich doch noch einen Hinweis. In der Ilias wird für Troja gelegentlich der Name „Ilios“ verwendet. Nun wurden in den Tontafelarchiven des benachbarten mächtigen Hethiterreiches Fragmente einer Tafel geborgen, auf denen sich der Text eines Vertrages mit einer Stadt namens „Wilusa“ fand. Sprachgeschichtlich ist es durchaus vertretbar, diesen Namen mit „Ilios“ zu identifizieren. Dieser Ansicht schloss sich - neben „Hethitologen“[77] - auch der Archäologe Korfmann an. Hertel[78] ist hier allerdings völlig anderer Meinung. Nach ihm ist die Lage Wilusas keineswegs gesichert: Erhaltene geographische Beschreibungen von seiner Lokalität ließen sich ganz bestimmt nicht mit der Lage Trojas gleichsetzen. Immerhin tauchen einige aus der Ilias bekannte Namen, wie z. B. „Priamos“, in sprachlich sehr ähnlicher Form auch auf Tontafeln der Hethiter auf. In Troja selbst sind Schriftzeugnisse bisher Mangelware[79]. Das einzige Fundstück ist ein Siegel mit sog. luwischer Schrift aus Troja VII. Da diese Schrift bislang aus dem hethitischen Machtbereich bekannt war, unterstützt dieser Fund die These von engen Beziehungen Trojas zu dem Hethiterreich. Welche Hinweise gibt es nun für einen Trojanischen Krieg ? Zumindest Troja VI scheint nicht der List des Odysseus zum Opfer gefallen zu sein. Vielmehr scheint die Stadt um 1300 v. Chr. bei einem starken Erdbeben zerstört worden zu sein. Spuren dieses Ereignisses fanden sich beispielsweise im Osten der Burg, wo sich direkt hinter den Mauern die Trümmer eingestürzter Paläste erhalten haben.

77 Erforschen die schriftlichen Hinterlassenschaften der Hethiter.
78 D. Hertel, Troia. Archäologie, Geschichte, Mythos (München 2001) 53 ff.
79 W. Vetter, Troja. Traum und Wirklichkeit. Ausstellunsführer (Braunschweig 2001).

Wenn nun Troja VI nicht Homers Troja zu sein scheint, wie sieht es mit den späteren Perioden aus? Um 1.200 v. Chr. fand auch Troja VIIb sein Ende. Diesmal waren allerdings die Spuren einer kriegerischen Auseinandersetzung nicht zu übersehen. Besonders in der Unterstadt belegen Waffenfunde, u. a. Pfeilspitzen, die heftigen Kämpfe. Die Stadt wurde geplündert und in Brand gesteckt. Mehrere Skelettfunde zeugen von dem dramatischen Geschehen. An dieser Stelle sollte vielleicht erwähnt werden, dass in der Antike das Jahr 1183 v. Chr. als Zeitpunkt des Falles von Troja kursierte. Es wurde von Eratosthenes im 3. vorchristlichen Jahrhundert errechnet. Daneben waren aber auch noch andere Daten in Umlauf, so z. B. 1250 v. Chr. (Herodot) und das 8. Jh. v. Chr. (Appian). Doch zurück zu den Grabungsergebnissen. Um 1.150/1.100 v. Chr. brannte Troja schon wieder. Allerdings war die Brandschicht diesmal weniger stark ausgeprägt, und ein erneuter Kampf um Troja konnte bislang nicht nachgewiesen werden, so dass es sich auch um einen „normalen“ Großbrand gehandelt haben könnte. Um 1.000 v. Chr. fiel Troja wieder einem kriegerischen Ereignis zum Opfer. Danach folgte ein schleichender Niedergang. Zur Zeit Homers im 8. Jahrhundert lebten wahrscheinlich nur noch wenige Menschen in Troja.

Obwohl auch die Kämpfe um 1.200 und 1.000 v. Chr. keineswegs ein Nachweis für den Trojanischen Krieg darstellen, ist der Geoarchäologe Zangger nach wie vor davon überzeugt, in Platons Atlantiserzählung eine bis zur Unkenntlichkeit entstellte Wiedergabe eines Krieges um Troja vor sich zu haben[80]. Zangger beginnt seine Überlegungen mit einigen durchaus vernünftigen Prämissen. Zunächst einmal ähnelt die von Platon geschilderte Insel auffallend einigen bekannten bronzezeitlichen Kulturen. Hier gibt es gleich mehrere Entsprechungen, u. a. die geschilderten Metalle und die Verwendung von Streitwagen, die übrigens zu Platons Zeit längst aus den Armeen der Mittelmeerländer verschwunden waren. Während das Alter der Geschehnisse auf Missverständnissen bei Abschrift oder Übersetzung des Textes beruhe, sei den Ägyptern auch die Straße von Gibraltar in der Bronzezeit mit Sicherheit nicht bekannt gewesen. Zur Zeit Solons (um 560 v. Chr.) hatten die Griechen noch nicht lange Kenntnis von der Meerenge, da diese für die damaligen Schiffe erst nach der Gründung der Kolonie Massilia (Marseille) erreichbar war. Der Begriff „Säulen des Herakles" war also damals erst neu auf die Meerenge übertragen worden. Unter der Bezeichnung „Säulen des Herakles" war im 6. Jahrhundert v. Chr. auch

80 E. Zangger, Atlantis. Eine Legende wird entziffert (Augsburg 1996).

eine andere Meerenge bekannt – die Einfahrt zum Schwarzen Meer. Diese Meerenge war erwiesenermaßen in der Bronzezeit befahren, wenn auch die Schiffe auf ihrem Kurs nach Norden häufig lange Zeit auf günstige Winde warten mussten. Funde, die mit der mykenischen Kultur in Verbindung zu bringen sind, wurden an mehreren Stellen der Schwarzmeerküste gemacht. Auch wenn es bisher noch nicht erwiesen ist – theoretisch hätte man von Troja aus diese wichtige Einfahrt zum Schwarzen Meer kontrollieren können. Nun wird man sicherlich einwenden, dass Troja zwar an einer Küste liegt, aber Platon eindeutig von einer Insel schreibt. Doch darauf hat Zangger ebenfalls eine Antwort. Wie bereits erwähnt, gab es im alten Ägypten kein bestimmtes Wort für „Insel"; das Zeichen, das oft mit „Insel" übersetzt wird, bezeichnet eigentlich nur einen Sandstrand oder eine Küste. Das Symbol wurde häufig als Synonym für fremde Länder oder Gegenden jenseits des Niltals verwendet.

Damit hat sich Zanggers Argumentation aber noch nicht erschöpft. So wird in der Atlantiserzählung von einem Krieg zwischen Griechenland und Atlantis berichtet. Bekannterweise spielt ein Krieg, an dem Griechenland beteiligt ist, in der Ilias ebenfalls eine wesentliche Rolle, nur war in diesem Fall der Gegner Troja. Eine weitere

Gemeinsamkeit ist die Tatsache, dass nicht lange nach dem Trojanischen Krieg die mykenische Kultur unterging. Mit ihr verschwand auch die Kenntnis von der Schrift, die erst zur Zeit Homers wieder eingeführt wurde. Platon berichtet von dem Ur-Athen, dass nur die Unwissenden die bereits zu Beginn der Erzählung erwähnte Flutkatastrophe überlebt hätten und die Kenntnis der Schrift verloren gegangen sei. Eine sehr bezeichnende Gemeinsamkeit ist allerdings die Tatsache, dass der Name „Atlantis“ mit „Tochter des Atlas“ übersetzt werden könnte. Man wird es bereits ahnen – Troja wurde der Sage nach tatsächlich von dem Titanen Atlas und seiner Tochter erbaut. Der Schutzpatron sowohl bei Atlantis als auch bei Troja war übrigens der Meeresgott Poseidon. Platon erzählt darüber hinaus von einer warmen und einer kalten Quelle in der Hauptstadt von Atlantis. Bei Troja sollen ebenfalls eine warme und eine kalte Quelle gelegen haben. Die Hauptstadt von Atlantis ist geprägt von großartigen Wasserbauten – solche künstlichen Hafenanlagen und Kanäle auch in der Ebene von Troja nachzuweisen, ist das Ziel von Zangger.

Wie steht es nun mit den archäologischen Untersuchungen der Ebene von Troja ? Bis heute konnte dort noch kein Hafen gefunden werden, so dass manche Autoren sogar annehmen, das die Schiffe nur an den Sandstrand gezogen wurden. Die Ebene wird von dem Fluss Skamander durchzogen, was übersetzt so viel wie „von Menschenhand erzeugter Schaum“ bedeutet. Der eigenartige Name könnte nach Zangger etwas von der Vergangenheit des Flusses offenbaren, denn bereits der römische Geograph Plinius erwähnte einen „Altskamander“, was auf menschliche Eingriffe in den Wasserlauf hindeutet. Westlich von Troja findet man heute noch an der Küste einen tiefen Einschnitt, durch den man vom Strand unterhalb der Steilküste hinauf zur Ebene gelangen kann. Direkt hinter dem Einschnitt liegt ein verlandetes Becken, das durch Sondierungsbohrungen nachgewiesen werden konnte. Ob es allerdings einen künstlichen oder natürlichen Ursprung hat, konnte nicht geklärt werden. Wenn man nun annimmt, dass der Einschnitt tatsächlich ein Alter von mehr als 3000 Jahren aufweist - was keineswegs erwiesen ist - kann er allerdings keineswegs als Kanal gedient haben, da er nicht unter das Meeresniveau reicht. Zangger hat allerdings auch dafür eine Erklärung, er sieht darin eine Art Rampe, die genutzt wurde, um Schiffe über Land zu dem von ihm angenommenen Hafenbecken zu transportieren. Dieses Hafenbecken sei vom Wasser des umgeleiteten Skamander gespeist worden, nachdem es zuvor ein weiteres Becken durchlaufen habe, welches das vom Fluss mitgeführte Sediment aufnehmen sollte, um eine Verlandung des eigentlichen Hafenbeckens zu verhindern. Ein kleinerer auch heute noch sichtbarer Einschnitt weiter südlich von dem größeren soll das überschüssige Wasser des zweiten Beckens abgeleitet haben. Um die Verwirrung komplett zu machen, soll das Hafenbecken zusätzlich zu der Schiffsrampe auch noch eine Verbindung nach Norden zum Meer besessen haben. Das komplexe System wurde nach Ansicht des Geoarchäologen angelegt, um eine Verlandung des Hafens und ein Eindringen von Meerwasser zu verhindern, das eine Versalzung der Ebene nach sich hätte ziehen können. Die Anregung für sein hypothetisches Konstrukt hat Zangger, wie er auch selber angibt, von Pylos[81], wo er genau dasselbe System, mit Ausnahme der Schiffsrampe, nachweisen konnte. Dort wurde von den Mykenern ein See aufgestaut, der durch Zuflüsse aus dem Hinterland gespeist wurde und durch einen Kanal mit einem rechteckigen Hafenbecken verbunden war, das wiederum eine Verbindung zum Meer hatte. Das System funktionierte folgendermaßen: Das Flusswasser gelangte in dem aufgestauten See zunächst zur Ruhe, und mitgeführter Schlamm und Sand konnten sich ablagern. Aus den oberen Seeschichten wurde durch einen Kanal sauberes Wasser in das Hafenbecken geleitet, das sich dadurch nicht mit Sand und Schlamm verfüllte.

81 E. Zangger, Die Zukunft der Vergangenheit (München 1998) 193 f.

Wenn man von der Identifizierung Troja = Atlantis einmal absieht, blieben aber auch Zanggers Hypothesen bezüglich der Hafenanlagen von Troja nicht unwidersprochen. Birgit Brandau, deren Buch „Troia: Eine Stadt und ihr Mythos“[82] mit einem Vorwort von Korfmann eingeleitet wird, hält Zanggers künstliche Wasserstraßen und Hafenbecken schlicht für Entwässerungskanäle, die wesentlich jünger als das bronzezeitliche Troia sind. Sie führt dabei die geomorphologischen Untersuchungen von I. Kayan[83] an, nachdem nicht einer der Kanäle je Salzwasser geführt habe. Der Einschnitt, den Zangger als Schiffstransportweg ansieht, hält Kayan für natürlichen Ursprungs. Die Bodenschichten würden zeigen, dass hier nie regelmäßig schwere Lasten oder Schiffe transportiert worden seien. Korfmann selbst hatte bereits 1992, wie bereits erwähnt, unmissverständlich angedeutet, was er von den „Hafenbecken“ hielt. Darüber hinaus war während der jüngsten Grabungen ein Spezialfahrzeug im Einsatz, mit dem „ausführliche Tiefenbohrungen“[84] vorgenommen werden konnten. Das Ergebnis dieser Bohrungen sieht ein wenig anders als die Rekonstruktionen von Zangger aus. Während des 2.

82 B. Brandau, Troia: Eine Stadt und ihr Mythos (Bergisch-Gladbach 1997).

83 I. Kayan, The Troia Bay and Supposed Harbour Sites in the Bronze Age. Studia Troica 5, 1995, 211-235.

84 M. Siebler, Troia. Zaberns Bildbände zur Archäologie Band 17 (Mainz 1994) 72..

Jahrtausends reichte offenbar eine Bucht so weit in das Landesinnere, dass sich die Suche nach einem trojanischen Hafen erübrigen dürfte. Der Vollständigkeit halber sollte man noch erwähnen, dass der Geoarchäologe den Verlauf des Hafen- und Kanalsystems seit der ersten Veröffentlichung ein wenig revidiert hat, allerdings offenbar an der hier geschilderten Version bis heute festhält.

Mit seiner provozierenden These hat es Zangger wahrscheinlich geschafft, jeden Archäologen gegen sich aufzubringen, der die Bronzezeit des östlichen Mittelmeerraumes als Fachgebiet hat. Nach dem vom Spiegel 1998 so großartig angekündigten Forschungsprojekt breitete sich aber wieder Stille über der trojanischen Ebene aus. Lediglich das ZDF brachte im Jahr 2000 noch einmal eine Sendung, die Zanggers Thesen zum Thema hatte. Dort erfuhr man, dass zwar Probebohrungen in der Ebene durchgeführt wurden, Zangger allerdings die Verwendung von schwerem technischen Gerät „verwehrt wurde". So ist er bis heute den letzten Beweis für seine Rekonstruktionen schuldig geblieben. Wie bereits in dem Kapitel „Atlantis – Eine Fiktion?" erwähnt, gibt es trotz der Tatsache, dass ein historischer Kern der Legende nicht auszuschließen ist, durchaus Hinweise darauf, dass sich Platon bei früheren Autoren bedient haben könnte – warum also nicht auch bei

Homer? Dies würde einige der Parallelen zwischen der Ilias und dem Atlantisbericht ausreichend erklären. Aber vielleicht erwarten uns ja in Zukunft doch noch Überraschungen von der Grabungsstelle in Hissarlik, wer weiß?

## Ägypten und die Seevölker

*"Ägypten ist ein Geschenk des Nils"*, welches *"im Vergleich zu jedem anderen Land sehr viel Wunderbares enthält und Bauwerke aufweist, die größer sind, als sich sagen lässt"* Herodot, Mitte des 5. Jh. v. Chr..

Wenn man sich mit der Atlantislegende befasst, kommt man nicht an der wohl eindrucksvollsten Hochkultur der frühen Menschheitsgeschichte vorbei - dem Alten Ägypten. Bereits in der Antike teilte man die ägyptische Kultur in 31 Dynastien ein[85]. Zwischen 3.100 und 2.850 v. Chr. erfolgte die Vereinigung von Ober- und Unterägypten zum ersten Pharaonenreich. In den folgenden Jahrhunderten entwickelten sich die typischen Erscheinungsformen der ägyptischen Kultur, die auch die unruhigen Perioden zwischen den Reichen überdauerten. Aus einfachen Grabbauten wurden die Pyramiden, und die Kunst der Mumifizierung war bereits sehr früh hoch entwickelt. Platon, auch wenn er sich bezüglich des Alters dieser Hochkultur irrte, bemerkte treffend, dass sich die ältesten Kunstwerke in ihrer Ausführung nur wenig von den jüngsten unterschieden. So war auch die Hieroglyphenschrift überaus langlebig. Die Hieroglyphen wurden zur Zeit Platons von den

85 Stierlin/de Cenival 47 ff.

ägyptischen Priestern immer noch verstanden und benutzt. Auch bei dem ägyptischen Ur-Text der Atlantislegende könnte es sich, wie bereits im Kapitel „Atlantis – Eine Fiktion ?" erwähnt, ursprünglich um eine alte Inschrift gehandelt haben, die auf antike Säulen gemeißelt war, wenn man dem Bericht von Krantor glaubt[86].

H. Görgemanns[87] meint nun ganz genau zu wissen, wo dieser Text, die Quelle der Atlantislegende, auch heute noch zu finden ist. Er ist der Überzeugung, dass Tempelinschriften aus Karnak und Medinet Habu die eigentlichen Ur-Texte der Atlantislegende sind, die Platon zu seinen Dialogen „Timaios" und „Kritias" inspirierten. In diesem Zusammenhang passt auch die folgende Textstelle aus dem Timaios-Dialog: „. . .*was sich aber, sei es bei euch oder hier oder in andern Gegenden, von denen uns Kunde ward, Schönes und Großes oder in einer andern Beziehung Merkwürdiges begab, das alles ist von alten Zeiten her hier in den Tempeln aufgezeichnet und aufbewahrt.*"

Die Thesen Görgemanns führen uns in eine immer noch dunkle Epoche am Ende des 2. Jahrtausends v. Christus. Um die Verbindung zu Platons Dialogen zu verstehen, ist es

86 Lysios Proklos, Kommentare über Platons "Timaios" (siehe Kapitel "Atlantis – Eine Fiktion ?).

87 H. Görgemanns, Wahrheit und Fiktion in Platons Atlantiserzählung. Hermes 128, 2000, S. 405-420.

zunächst notwendig, diese Jahrhunderte etwas genauer zu beleuchten. Die Hieroglyphentexte[88] handeln von dem sog. Seevölkersturm am Ende des 13. und zu Anfang des 12. Jahrhunderts v. Chr. Zu dieser Zeit wurde Ägypten von „Barbaren“ angegriffen, die bereits Kleinasien verwüstet und auch an der Küste des heutigen Israel und des Libanon eine Spur der Zerstörung hinterlassen hatten:

*“. . . die Fremdländer, die zusammen von ihren Inseln aufgebrochen waren, entwurzelt und verstreut auf die Truppen der Länder – kein Land aber konnte vor ihrer Kraft bestehen, von Hatti* (Hethiterreich), *Quadi, Karkemisch, Arzawa, Alasia* (Zypern) *an.*

*. . . Die pulsata, siqqar, sakalus, danu und wasas, verbündete Länder, legten ihre Hände auf die Länder bis ans Ende der Welt, indem ihre Herzen Vertrauen fassten und sie zuversichtlich waren: Unser Plan gelingt.”*[89]

Ganze Reiche zerfallen in diesen kriegerischen Zeiten zu Schutt und Asche, darunter auch das Großreich der Hethiter, zur damaligen Zeit ein ebenbürtiger Gegner der ägyptischen Pharaonen. Hattuscha, die Hauptstadt der Hethiter, lag in

88 Die Texte von Medinet Habu finden sich übersetzt bei: W. F. Edgerton, Historical Records of Ramses III, Vol. 1 and 2 (Chicago 1936). Berichte über die Seevölker finden sich auch im “Großen Papyrus Harris”, der u. a. bei A. Eisenlohr, Der große Papyrus Harris (Leibzig 1872) besprochen wird.

89 Ausschnitte aus den Texten von Medinet Habu, zitiert nach: W. Helck, Die Beziehungen Ägyptens und Vorderasiens zur Ägäis bis ins 7. Jahrhundert v. Chr. (Darmstadt 1995) 113.

Trümmern. Palast und Tempelbezirk wurden fast restlos vernichtet, sogar große Fundamentblöcke brachte die Hitze zum Platzen[90]. Erst in Ägypten kam der Ansturm der Seevölker endlich zum Halten. Es sind zwei Schlachten überliefert: 1.209 v. Chr. unter Merenptah und 1.180 v. Chr. unter Ramses III. In der ersten Schlacht waren die Libyer die Hauptangreifer und die Seevölker ihre Verbündeten. Im Jahr 1.180 waren die Libyer nicht beteiligt. Nach den erwähnten ägyptischen Tempeltexten war bei der zweiten großen Konfrontation ein großer Treck mit Kriegern, Frauen und Kindern entlang der Küste von Palästina Richtung Süden zur ägyptischen Grenze unterwegs. Zur gleichen Zeit landete eine große Flotte im Nildelta. Nur das schnelle Handeln des Pharao bewahrte Ägypten vor dem Untergang. Zunächst sandte er der fremden Flotte eigene Schiffe entgegen. Nicht eine Minute zu spät: Noch bevor die Schiffe der Angreifer landen konnten, wurden sie in einer Seeschlacht vernichtend geschlagen. Eindrucksvolle Reliefbilder zeugen noch heute von diesem Sieg. Doch damit war die Gefahr noch nicht abgewandt. In Eilmärschen zog das Heer des ägyptischen Pharao nun dem großen Siedlertreck entgegen. Wieder wurde eine erbitterte Schlacht

90 G. A. Lehmann, Umbrüche und Zäsuren im östlichen Mittelmeerraum und Vorderasien zur Zeit der „Seevölker"-Invasionen um und nach 1200 v. Chr. Historische Zeitschrift Band 262, 1996, 18 ff.

geschlagen, und das Wunder geschah: Die fremde Armee wurde besiegt und unterwarf sich.

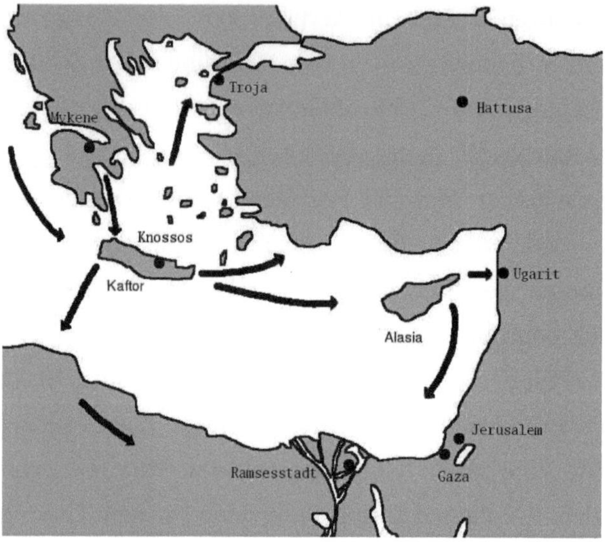


Abb. 10: Mögliche Wanderrouten der Seevölker

Der Name „Seevölker“ kommt daher, dass sich offensichtlich mehrere Völker des Mittelmeerraumes verbündet hatten und über den Seeweg ihre Invasion der östlichen Mittelmeerküste begannen. Die Ägypter bezeichneten sie als „Völker der Inseln“, die aus „Ländern des Meeres“ kamen; daneben werden sie auch als „Nordleute“ bezeichnet. Die Inschriften nennen einige der beteiligten Völker, wobei nicht alle eindeutig identifiziert werden können. Es wird vermutet, dass die Eroberer aus dem ägäischen Raum und aus

Südwest-Kleinasien stammen. Doch die genaue Herkunft dieser Völker wird wohl immer im Dunkel der Geschichte verborgen bleiben. Einer der Völkernamen der fremden Eroberer taucht auch im Alten Testament auf - die Philister. Bekannt sind sie vor allem durch biblischen Erzählungen aus der Zeit von König David. Die berühmte Geschichte von David und Goliath gehört auch in diesen Zusammenhang - denn Goliath war ein Philister. Dies hinderte David übrigens nicht daran, sich später bei den Philistern vor König Saul zu verstecken, der in ihm einen gefährlichen Rivalen um den Thron sah. In der Regierungszeit dieser beiden ersten Könige Israels war der große Seevölkersturm bereits Geschichte. Die Philister waren von den Ägyptern in Garnisonsstädten im heutigen Gazastreifen angesiedelt worden. Da sie Ägypten nicht hatten erobern können, konzentrierte sich nun ihre Eroberungslust auf das Gebiet der Stämme Israels, die in dieser Epoche am Ende des 2. Jahrtausends v. Chr. anfänglich noch keine straff organisierte Staatsführung hatten. Lediglich die sog. Richter schlichteten Streitigkeiten, die über die einzelnen Stammesgrenzen hinausgingen, und unter ihrer Führung sammelten sich die Stämme auch im Kriegsfall. Nach dem Buch Samuel des Alten Testamentes war es die Bedrohung durch Nachbarvölker wie die Philister, die den Anlass zur Ausrufung von Saul als ersten König von Israel gab. In der

Bibel findet man auch die interessante Aussage, dass Gott die Philister aus Kaftor geführt hätte, womit wohl Kreta gemeint ist. Auch wenn dies möglicherweise nicht die ursprüngliche Heimat der Philister war, so diente Kreta sehr wahrscheinlich als Operationsbasis für die Seevölker.

Im ganzen Mittelmeerraum stoßen die Archäologen bei Grabungen in den großen ehemaligen Kulturzentren immer wieder auf eine dicke schwarze Brandschicht, die in der Regel ziemlich genau auf die Jahrzehnte kurz vor oder nach 1200 v. Chr. datiert werden kann. Die neuesten Forschungsergebnisse machen immer deutlicher, dass sich die bisher erwähnten Ereignisse möglicherweise nur in wenigen Jahrzehnten abgespielt haben, wahrscheinlich innerhalb einer Generation[91]. Beginnen wir mit dem Versuch, das Geschehen zu rekonstruieren. Griechenland und die ägäischen Inseln scheinen als erstes überrollt worden zu sein. In Mykene, Tyrins und Midea finden sich nicht unumstrittene Zerstörungshorizonte, die bisweilen als Folge einer Erdbebenkatastrophe, aber auch als Folge von Angriffen fremder Eroberer gedeutet werden. Mykene, auf der Peloponnes in der Nähe der Landenge von Korinth

91 G. A. Lehmann, Umbrüche und Zäsuren im östlichen Mittelmeerraum und Vorderasien zur Zeit der „Seevölker"-Invasionen um und nach 1200 v. Chr. Historische Zeitschrift Band 262, 1996, 1-38.

gelegen, war ein mächtiges Zentrum im Reich Danaia. Heute zeugen nur noch zyklopische Mauern und das berühmte Löwentor von dieser Zeit. Danaia ist identisch mit den Achäern Homers, die dem König Agamemnon von Mykene in den Trojanischen Krieg folgten, wie wir bereits im Kapitel über Troja hörten. Leider können die archäologischen Funde dieses Raumes die Frage nach der genauen Rolle der Achäer in dieser stürmischen Periode nicht ausreichend beantworten. Zumindest einige Archäologen weisen ihnen eine aktive Rolle als Teilnehmer des Seevölkerbundes zu. Immerhin kann man sagen, dass der auf ägyptischen Reliefs in Medinet Habu abgebildete Schilfblattkronenhelm der Philister und die ebenfalls dort gezeigten Schiffe der „Seevölker" keine mykenischen Eigenheiten sind. Sie tauchen erst nach dem Katastrophenhorizont auf bemalten Gefäßen der Ägäis auf; dies lässt die Vermutung zu, dass die Seevölker nicht von dort gekommen, sondern im Gegenteil als Eroberer in das mykenische Herrschaftsgebiet eingefallen sind. Vage Hinweise erhalten wir aus den Archiven von Hattuscha, der Hauptstadt des hethitischen Reiches in Kleinasien. In dem Dorf Bogazkale in der heutigen Türkei, 150 km östlich von Ankara, kann man auch heute noch die Ruinen Hattuschas besichtigen.

Im Schutt der ebenfalls während des Seevölkersturmes zerstörten Stadt fanden sich Tontafeln, die von Beziehungen zu einem Land „Ahhijawa“, womit vermutlich Mykene gemeint ist, berichten[92]. Etwa um 1.230 v. Chr. wird dieses Land aus einer Liste von dem hethitischen Großkönig gleichrangigen Königen entfernt. Die Zerstörungshorizonte in den mykenischen Palastruinen gehen mit dem Verschwinden der dort in der Verwaltung benutzten sog. Linear-B – Schrift einher. Gerade Letzteres ist wohl ein ziemlich sicheres Indiz, dass sich die mykenische Herrschaftsstruktur vollständig auflöste. Die Palast-Archive von Knossos in Kreta, das ebenfalls unter mykenischem Einfluss stand, scheinen etwa bis 1.250 v. Chr. zu reichen. Danach verstummen auch sie. Es gibt Hinweise auf eine äußere Bedrohung während dieser Zeit aus Kreta, da Höhensiedlungen als Zufluchtsorte angelegt und die bisher ungeschützten Paläste befestigt wurden.

Die Dramatik der Umwälzungen vor 3.200 Jahren wird besonders durch das Tontafel-Archiv von Ugarit an der Küste des heutigen Syriens deutlich. Dieser Stadtstaat stand mit der hethitischen Hauptstadt Hattuscha und mit Alasia, dem heutigen Zypern, in regem Briefkontakt. Ein besonders

92 P. Braun, P. Busch, Ein Volk auf der Suche nach seinem Land – Das Homerische Doppelwerk und der Hexateuch. Internet-Publikation

hektischer Briefwechsel ist kurz vor der Zerstörung Ugarits um 1.190 v. Chr. zu verzeichnen. Der hethitische Großkönig beschwerte sich bei dem örtlichen Regenten Hamurapi, dass er nicht über gefährliche Entwicklungen informiert worden sei. Ein Brief des ugaritischen Herrschers an den König von Alasia, der möglicherweise nicht mehr abgeschickt werden konnte, zeigt, wie überstürzt sich die Ereignisse entwickelten[93]:

*„Mein Vater ! Nunmehr: (die) Schiffe des Feindes sind (tatsächlich) unterwegs zu mir. Meine (Land)städte hat er (schon) mit Feuer verbrannt und inmitten meines Landes Unheil angerichtet. Mein Vater weiß nicht, dass alle Soldaten meines Schutzes* (die mobilen Gardetruppen) *sich im Lande Hatti* (Hethiterreich) *befinden und alle meine Schiffe sich im Lande Lukka aufhalten. Bislang sind sie (noch) nicht bei mir eingetroffen und das Land liegt so (ungeschützt, offen) da. Mein Vater möge dies wissen! Indes: 7 Schiffe des Feindes (sind es), die unterwegs zu mir sind, und sie fügten uns (schon) allenthalben Übel zu. Nun aber, wenn wiederum Schiffe des Feindes (auftauchen), schick mit auf jeden Fall Nachricht, wo irgend möglich, damit ich Bescheid weiß !“* Die Sorge war berechtigt. Nicht

93 Zitiert nach: G. A. Lehmann, Umbrüche und Zäsuren im östlichen Mittelmeerraum und Vorderasien zur Zeit der „Seevölker“-Invasionen um und nach 1200 v. Chr. Historische Zeitschrift 262, 1996, 27 f., Fußnote 41.

lange nach dem Verfassen dieses Briefes wurde Ugarit offenbar von See her überfallen und vollkommen zerstört[94]. Die Truppen und Schiffe, welche die Stadt hätten verteidigen können, waren zur Unterstützung des hethitischen Großkönigs abkommandiert. Die Eroberung Zyperns folgte nicht lange danach. Ob der Fall des hethitischen Großreiches allein durch Seevölker verursacht wurde, ist unklar. In Erwägung wird auch gezogen, dass die hethitischen Truppen im Kampf gegen die Seevölker gebunden worden sein könnten und äußere Feinde des Reiches die Gelegenheit ausnützten und Hattuscha überrannten. Dass letztlich doch einige Stadtstaaten an der Küste des heutigen Israel und Libanon überlebten, ist wohl nur dem Sieg Ägyptens über die Eroberer zu verdanken. Diese anfangs bereits erwähnte Land- und Seeschlacht markiert den Schlusspunkt der Ereignisse.

Doch was haben die Seevölker nun mit Platons Atlantis zu tun? Neben der Analogie, dass auch die Atlanter übers Meer kamen, führt Görgemanns an, dass die Seevölker eine große Koalition bildeten und auch das atlantische Invasionsheer ein Bundesheer gewesen sei. Allerdings waren in Platons Erzählung die Bündnispartner nicht aus freiem Willen miteinander verbunden, sondern standen unter der

94 Lehmann 1996, 28 ff.

Herrschaft einer Zentralmacht. Görgemanns glaubt, beweisen zu können, dass Platon Kenntnis von den Seevölkerberichten hatte und die Zentralmacht, die die Invasion steuerte, also Atlantis, einfach hinzuerfunden hatte. Platon könnte zu diesem Schritt von den Perserkriegen inspiriert worden sein, als Persien 480 v. Chr. gegen Griechenland zu Felde zog. Auch hier war es ein Bundesheer von unterworfenen Völkern gewesen, so dass Platon den Schluss zog, auch hinter den Seevölkern hätte eine imperiale Macht gestanden. Nach Görgemanns hat die Tatsache, dass einige der Völkernamen nach Westen weisen (z. B. *srdn,* Sarden, Identifizierung aber umstritten), Platon dazu verlietet diese Macht im Westen anzusiedeln. Dem steht allerdings die eindeutige Bezeichnung als "Nordleute" in den Medinet Habu – Inschriften gegenüber.

Görgemanns versuchte, noch weitere Parallelen zwischen den Seevölkerberichten und der Atlantislegende zu finden. Ein wunder Punkt in seinen Überlegungen ist die Rolle Athens, das in den ägyptischen Texten von Medinet Habu und Karnak mit keinem Wort erwähnt wird, aber in der Atlantislegende eine wesentliche Rolle spielt. Doch auch für diesen Umstand hat er eine Erklärung. Andere Griechenstädte sind nach seiner Interpretation der Texte als Angreifer erwähnt. Da Athen nicht auf der Seite der

Angreifer gestanden habe und auch nicht als erobert erwähnt werde, wie einige orientalische Städte, zieht Görgemanns den Schluss, dass es sich erfolgreich gegen die Invasoren wehren konnte. Allerdings bemerkt er zutreffend, dass diese Überlegungen nur von Wert sind, wenn Athen schon damals eine bedeutende Stadt gewesen wäre. Noch nachzutragen bleibt, dass gerade die Übersetzung und Deutung von Völkernamen und Städten aus dem Altägyptischen keine eindeutige Wissenschaft ist. Hier ist sehr viel mühsame Forschungsarbeit nötig, und selbst dann bleibt die Gewissheit oft aus. Allerdings stellt auch die Tatsache, dass Athen nicht eindeutig erwähnt wird, die Überlegung nicht grundsätzlich in Frage, dass die Seevölkertexte der Ursprung der Atlantislegende sein könnten. Aufgrund der schwierigen außenpolitischen Situation Ägyptens zur Zeit Solons, die auch noch zur Zeit Platons aktuell war, könnte eine Einfügung Athens in die Ereignisse den Zweck gehabt haben, eine historische Begründung für ein Bündnis beider Staaten zu suchen. Ägypten könnte damit versucht haben, Athen für einen Beistandspakt zu gewinnen. Auch wenn Athen in den ägyptischen Texten mit keinem Wort erwähnt wird, gibt es dennoch interessanterweise eine - wenn auch vage - Verbindung von Athen mit den Ereignissen um 1.200 v. Chr. Bei der Beschreibung des Athens vor 9.000 Jahren durch

Platon erwähnt dieser eine Quelle auf der Akropolis: „*An der Stelle, wo jetzt die Burg steht, befand sich eine Quelle, von der, als sie durch Erdbeben versiegte, ringsherum die jetzigen Bächlein geblieben sind;* . . . „Tatsächlich gab es auf der Akropolis einen unterirdischen Gang[95], der steil in die Tiefe zu einer Quelle führte. Sie wurde bei einem Erdbeben gegen Ende des 13. Jahrhunderts v. Chr., also genau zur Zeit der Seevölkerinvasion, verschüttet.

R. Kühne[96], der versucht den Seevölkersturm mit der Atlantis-Tartessosthese Schultens zu verbinden (siehe Kapitel "Tartessos"), findet noch andere vergleichbare Textstellen zwischen den „Timaios" und „Kritias" Dialogen und den Tempelinschriften über die Seevölker. So überzogen die Atlanter nach Platon jedes Land im Mittelmeer mit Krieg – die Seevölker verheerten Hatti (das Hethiterreich) in Anatolien, Kode und Karkemisch in Nordsyrien, Arzawa in Südwest-Anatolien und Alasia auf Zypern. Atlantis wird als Insel beschrieben – für die Ägypter kamen die Angreifer ebenfalls von „Inseln innerhalb des Meeres". Diese Bezeichnung wurde aber beispielsweise auch für die griechische und kleinasiatische Küste angewandt. Bis an die

95 O. Broneer, A Mycenaean Fountain on the Athenian Acropolis. Hesperia 8, 1939, p. 317-429.

96 R. Kühne, Lage und Datierung von Atlantis. Internet Publikation. Mysteria3000 (2003).

Grenzen Ägyptens soll der Einflussbereich der Atlanter gereicht haben. Tatsächlich waren die Libyer, die westlichen Nachbarn des Landes am Nil, wie bereits erwähnt, Alliierte der Seevölker. Wie die Atlanter, so sollen auch die Seevölker eine große Flotte besessen haben – in den Tempelinschriften wird von Millionen und Myriaden von Feinden berichtet, die zahlreich wie Heuschrecken gewesen wären. Sogar für den Untergang von Atlantis gibt es eine interessante Parallele, da es in den Inschriften von Pharao Ramses III heißt, „er ließe die Seevölker die Macht und Kraft des Wassergottes Nun sehen, wenn er ausbricht und ihre Städte und Dörfer unter einen Schwall Wasser legt, zudem lägen ihre Berge in ihren Wehen“[97].

Ebenso findet man zu den „Säulen des Herakles“, die als Ortsangabe im Atlantistext eine wichtige Rolle spielen, eine Entsprechung. In den Texten von Medinet Habu wird beschrieben, wie die Seevölker, auch “Nordleute” genannt, von „Inseln aus dem Norden“, also möglicherweise aus der Ägäis oder Kleinasien, nach Ägypten einfielen – nach der Mythologie der Ägypter war aber der ferne Norden am Ende der bekannten Welt, wie auch alle anderen Himmelsrichtungen, Standort der Stützen des Himmels. Die Ägypter hatten seit dem Alten Reich (Pyramidentexte) die

97 Kühne 2003.

Vorstellung, dass in den vier Himmelsrichtungen jeweils an den Enden der Erdscheibe Stützen das Himmelsgewölbe tragen würden. So ist auf einer Inschrift[98] des Pharaos Thutmosis III. aus der 18. Dynastie (15. Jh. v. Chr.) die Bemerkung zu finden: *"Seine südlichen Grenzen (*des ägyptischen Reiches) *reichen bis zum Horn der Erde, bis zum Süden dieses Landes, die nördlichen bis zur Nordgrenze Asiens,* ***bis zu den Stützen des Himmels***.*"* Mit "Horn der Erde" ist vermutlich die Vorstellung von Bergen als Stütze des Himmels verbunden. Allerdings gibt es hier keinen einheitlichen Kanon, auf den man sich berufen könnte, und für das „Nordende der Welt" lässt sich bisher kein Berg als "Himmelsstütze" eindeutig lokalisieren. Anhand der bis dato bekannten altägyptischen Texte über die Gestalt des Himmels und der Erde lässt sich aber immerhin sagen, dass die Ägypter annahmen, dass die Nordvölker in der Nähe dieser sagenhaften "Himmelsstützen" wohnten. Diese "Himmelsstützen" könnten aber die Ursache einer verhängnisvollen Verwechslung sein, denn die Griechen kannten ebenfalls diese Bezeichnung. Allerdings fiel einem Griechen dazu automatisch der ferne Westen ein, wo der Titan Atlas den Himmel stützte. Gibraltar war bereits zu Solons Zeiten

98 Stele Thutmosis III. beim Gebel Barkal, Übersetzung: Kurth Sethe, Urkunden der 18. Dynastie, Bd. 2, Historisch-biographische Urkunden, Heft 4, S. 1230.

bekannt und damit wäre auch die Lage, die Platon seiner mythischen Insel gibt, zu erklären. Hinzu kommt, dass in der altägyptischen Sprache zwischen "Küste" und "Insel" nicht eindeutig unterschieden wird. Sogar der Name „Atlantis" (übersetzt: „Tochter des Atlas", siehe Kapitel "Troja") könnte sich aus der Verlegung der Heimat der Seevölker in den fernen Westen, der Heimat des Titanen Atlas, ableiten. So ist es durchaus in Erwägung zu ziehen, das Platons Insel Atlantis, die er im Verlauf seiner Erzählung immer weiter ausschmückte, tatsächlich lediglich durch einen Übersetzungsfehler erschaffen wurde. Aus der Küste bei den "Stützen des Himmels" im ägyptischen Originaltext wurde eine Insel vor den "Säulen des Herakles". Man könnte sich das Ganze wahrscheinlich so vorstellen, dass die Ägyptischen Priester zwar die Hieroglyphen des Alten Textes lesen, aber kein Griechisch konnten und möglicherweise ein in Ägypten ansässiger Grieche, vielleicht ein griechischer Händler oder Söldner, die Übersetzung vornahm. Dadurch waren Missverständnisse geradezu unausweichlich. Die Annahme, dass die Priester nicht mehr alle Ortsangaben aus dem damals bereits mehr als 600 Jahre alten Text verstanden, ist sicherlich auch nicht zu weit hergeholt. Die Äußerung des Priesters: "*. . . vor dem Eingange, der, wie ihr sagt, die Säulen des Herakles heißt . . .*" klingt in der Tat fast so, als hätte Solon dem Priester diese Ortsangabe in den

Mund gelegt, da er sich über die Lokalisierung der genannten Länder nicht mehr sicher war[99]. Auch die bereits erwähnte Bemerkung in Platons Dialogen, dass die ägyptischen Eigennamen von Solon in ihrer Bedeutung erfragt und ins Griechische übertragen wurden, spricht dafür, dass Solon einen ins griechischen übersetzten Text ausgehändigt bekommen hat, den er aber nicht ganz verstand und daher trotz seiner Rückfragen falsch interpretierte.

Wir haben also einen Text, der,wie Krantor berichtet, auf Steinsäulen gemeißelt ist; eine Seemacht, die wie im Atlantistext beschrieben, Ägypten und den gesamten östlichen Mittelmeerraum bedroht; einen Fluch des Pharao, der das von Platon geschilderte Untergangsszenario von Atlantis vorwegzunehmen scheint; wir haben eine Erklärung für die Ortsangabe *„jenseits der Säulen des Herakles“* und sogar den Namen Atlantis. Doch ist dies ausreichend, die Atlantissage mit einem historischen kriegerischen Konflikt zu erklären? Festzuhalten bleibt, dass die Seevölkerinvasion einen akzeptablen Kern einer Legendenbildung abgeben könnte, der durch Übersetzungsfehler und Veränderungen völlig unkenntlich wurde. Ein Beweis für diese These steht

99 Über diese Äußerung stolperte bereits Zangger; siehe Kapitel “Troja”.

allerdings noch aus. Nur neue Inschriftenfunde aus Ägypten könnten hier mehr Klarheit bringen.

Eine interessantes Gedankenspiel stellte übrigens der uns bereits bekannte griechische Archäologe Marinatos an. Er stellte die Überlegung in den Raum, dass nachgewiesenermaßen bei manchen Legenden und Sagen eine Verdichtung von historischen Ereignissen stattgefunden hätte, die in Wirklichkeit Jahrhunderte auseinanderliegen. Im Falle der Atlantislegende hielt er dies ebenfalls für möglich. So könnten der mysteriöse Untergang der minoischen Kultur durch eine Naturkatastrophe und der mehr als 300 Jahre später stattfindende Seevölkersturm in der Legende zu einer einheitlichen Handlung verwoben worden sein. Doch obwohl es tatsächlich zwischen den Philistern und Kreta einige Verbindung gibt - z. B. wurde das Porträt eines Männerkopfes mit dem für Philister typischen Kopfputz auf einer Tonscheibe in einem minoischen Palast gefunden – wird auch diese Überlegung mangels weiterer Hinweise ein Gedankenspiel bleiben. Immerhin gibt es auch eine Verbindung über die von den Philistern bei ihrer Einwanderung in Palästina verwendete Schrift – diese ist mit dem Linear A verwandt, der Verwaltungssprache des Minoischen Reiches. Dieses war aber zu diesem Zeitpunkt schon seit Jahrhunderten untergegangen. Vielleicht löst sich ja eines Tages das Geheimnis um die Herkunft der Seevölker - und damit möglicherweise auch das Geheimnis um Atlantis.

## Atlantis gefunden ?

Seit fast 2400 Jahren ist der Atlantismythos durch alle Kulturepochen hindurch im kollektiven Gedächtnis unserer Kultur gegenwärtig. Doch was macht seine Faszination aus? Sie beruht wohl neben vielen anderen Motiven auch auf dem Umstand, dass die Legende im Widerspruch zu unserem etablierten Geschichtsbild steht. Aristoteles, der nicht an seinen Wahrheitsgehalt glaubte, war in der mittelalterlichen Kirche hoch angesehen, Kritik an seinen Schriften waren lange Zeit daher nicht opportun. Als man begann, das Altertum wissenschaftlich mit archäologischen und historischen Methoden zu erforschen, bildete sich zumindest bei einem großen Anteil der Altertumswissenschaftler, die sich mit Atlantis befassten, die Ansicht heraus, das Ganze sei nur eine Fiktion von Platon. Gleich zu welcher Zeit man sich also mit dem Thema beschäftigte, wenn man an einen realen Hintergrund der Legende glaubte, stand man immer einer Front der Ablehnung gegenüber.

Auch Platon selbst war sich offenbar bewusst, wie unglaubwürdig diese Geschichte in den Ohren aufgeklärter Griechen klingen musste. Nicht nur seine Erläuterungen zu dem Alter und den geographischen Beschreibungen lassen dies vermuten, sondern auch sein Bemühen, historische

Persönlichkeiten zur Untermauerung des Wahrheitsgehaltes heranzuziehen. Als Platon die Dialoge „Timaios" und "Kritias" niederschrieb, hatten seine philosophischen Ideen zu einem „idealen Staat" in der Realität bereits herbe Rückschläge hinnehmen müssen. Platon hatte eine Zeit lang die Hoffnung gehegt, den Herrscher von Syrakus in Sizilien, Dionysios I., für seine Ideen zu einer idealen Staatsführung zu gewinnen. Erfolg hatte er dabei allerdings nicht, wenn sich auch Dionysios gerne mit der Anwesenheit von berühmten Denkern wie Platon an seinem Hof schmückte. Immerhin gewann Platon den jungen Dion, der Schwager und Schwiegersohn des Regenten, als Freund und Schüler. Nach dem Tod des Tyrannen Dionysios I. im Jahr 367 v. Chr. kam dessen Sohn Dionysios II. auf den Thron. Dieser schickte auf Veranlassung Dions eine Einladung an Platon. Kaum war dieser in Syrakus eingetroffen, führten Hofintrigen dazu, dass Dion der Verschwörung beschuldigt und des Landes verwiesen wurde. Platon konnte nichts für seinen Freund ausrichten und kehrte nach Athen zurück.

Trotz dieser Begebenheit nahm er 361/360 v. Chr. eine weitere Einladung Dionysios II. an. Doch der Tyrann wollte nur als Philosophenfreund gelten; an einer ernsthaften Lehrer-Schüler-Beziehung war er nicht interessiert. Platon konnte nur unter Schwierigkeiten aus der Einflusssphäre des eifersüchtigen Tyrannen wieder entkommen. Nach seiner Rückkehr nach Griechenland traf Platon Dion bei den Olympischen Spielen. Letzterer wollte die Macht in Syrakus übernehmen und rüstete zu einem Schlag gegen Dionysos. Platon lehnte aber seine Bitte, Partei für ihn zu ergreifen, ab. Im Jahr 357 stürmte Dions Heer zunächst die Stadt Syrakus und schließlich auch die Burg. Dionysios II. wurde vertrieben. Die Herrschaft Dions stand allerdings von Beginn an unter keinem guten Stern - obwohl er Anhänger von Platons Lehren war, lies er sich zu Gewalttaten hinreißen und endete ebenso gewaltsam - er wurde ermordet. Syrakus kam auch in den folgenden Jahren nicht zur Ruhe, und Platon musste sich eingestehen, dass sein Versuch, *„einmal meine Gedanken über Gesetze und Verfassung auszuführen“* (Platon, Siebenter Brief) gescheitert war.

Dies wurde bereits von Zeitgenossen so ausgelegt, dass seine philosophischen Ansichten in dieser Hinsicht nicht in die Realität umzusetzen wären. Nach der Ermordung Dions entstand in den letzten Lebensjahren Platons der Kritias-Dialog, wobei im Timaios Dialog die wesentlichen Grundzüge der Sage bereits angedeutet waren. Darin sollte nicht mehr nur ein statisches Modell des idealen Staates beschrieben werden, wie er es in vorhergehenden Schriften bereits dargestellt hatte, vielmehr war es die Absicht Platons, diesen Staat „in Bewegung“ zu zeigen. Platon wollte offensichtlich die Lebensfähigkeit seines Modelles unter Beweis stellen. Hatte er, von den Kritikern verletzt, eine Dichtung zu Papier gebracht und Zuflucht zu einem literarischen Kunstgriff genommen, der zu seiner Zeit noch nicht üblich war, als Kritias die Wahrheit der Erzählung beteuert?

Zumindest einige Details der Legende, wie das Alter und die Beschreibung der Hauptstadt von Atlantis könnten auf Herodot und andere frühere Autoren zurückgehen. Auf der anderen Seite steht aber die Bestätigung von Platons Angaben durch Krantor und weiterer antiker Autoren, die sogar die Namen der ägyptischen Priester nennen, von denen Solon die Legende angeblich erhalten hat. Die Priester Ägyptens waren zur Zeit Solons und Platons hochgebildete Menschen, die sich genau in den alten Überlieferungen ihres Landes auskannten. Die Hieroglyphenschrift war noch bis in die Spätantike in Gebrauch. In dieser Spätzeit des Pharaonenreiches besann man sich auf die eigene Vergangenheit, und die Beamten schmückten sich mit Jahrtausende alten Titeln. Gleichzeitig war das Land am Nil durch äußere Feinde bedroht, z. B. die Babylonier und Perser, so dass die Pharaonen ihre Bündnispartner im griechischen Raum suchten. Es ist also durchaus wahrscheinlich, dass ägyptische Priester versuchten, ein "positives politisches Klima" zu schaffen, indem sie Solon von einem alten Text berichteten, der überlieferte, wie Griechenland auf der Seite Ägyptens gegen fremde Invasoren kämpfte, die von der See her kamen.

Allerdings sollte man in der Begeisterung bei der Suche nach Atlantis nicht über das Ziel hinausschießen. So verlief die Suche nach einer versunkenen Insel im Atlantik bisher ergebnislos. Der Prozess des Absinkens einer großen Landmasse innerhalb kurzer Zeit halten Geologen für unmöglich. Absenkungen um wenige Meter wurden schon wiederholt beobachtet, zum letzten Mal während des Erdbebens vor Sumatra Weihnachten 2004, das die verheerende Flutwelle zur Folge hatte. Allerdings waren bei allen diesen Absenkungen nur eng begrenzte Gebiete betroffen. Zu Platons Lebzeiten, im Jahr 373 v. Chr., wurde die griechische Hafenstadt Helike ebenfalls von einem fürchterlichen Beben heimgesucht. Die Einwohner wurden im Schlaf überrascht. Die Bevölkerung glaubte schon, die Katastrophe sei vorüber, als sich vom zwei Kilometer entfernten Meer eine Flutwelle erhob und die Stadt unter sich begrub. Noch Jahrhunderte danach sah man angeblich bei ruhigem Meer unter Wasser die Reste von Gebäuden und

Straßen. Wahrscheinlich nicht zu Unrecht glauben einige Wissenschaftler, dass Platon diese Katastrophe im Timaios und Kritias Dialog verarbeitet hatte.

Unbeirrt von solchen Überlegungen sind besonders die Azoren und die Karibik ein beliebtes Ziel, Atlantis zu lokalisieren. Wer könnte sich angesichts eines traumhaften von Palmen gesäumten Strandes der Geschichte von einer im Meer versunkenen Zivilisation entziehen? Allerdings holt auch hier die Wissenschaft Verfechter solcher Traumgebilde unsanft in die Realität zurück. Unterwasser-Pyramiden, aus zyklopischen Steinen erbaute Straßen – bei näherem Hinsehen waren hier leider meist die blühende Phantasie des Autors oder Mutter Natur am Werk.

Bereits Anfang des 20. Jahrhunderts wurde unter Wissenschaftlern eine wörtliche Auslegung der Legende nicht mehr ernsthaft diskutiert. Die Mehrheit der Historiker, Philologen und Archäologen hielt die Legende damals schon für eine Erfindung Platons - faszinierend zwar, aber dennoch ohne historischen Hintergrund. Trotzdem wurde unter einigen hartnäckigen Forschern aber immer wieder die These aufgestellt, dass zumindest ein entstellter historischer Kern vorhanden sein müsse. Eine der zu dieser Zeit kursierenden Thesen war, die iberische Handelsstadt

Tartessos mit Atlantis gleichzusetzen. Doch es blieb bei dem Gedankenspiel – Tartessos wurde bis heute nie eindeutig identifiziert, und so sind einige geographische Angaben Platons die einzige Stütze dieser Theorie.

Weitaus lebhafter wurde die Identifikation von Atlantis mit der minoischen Zivilisation diskutiert. Durch die griechische Sage von Minotaurus und Theseus ist sogar eine Verbindung mit Athen gegeben. Doch der verheerende Vulkanausbruch von Santorin um 1.500 v. Chr. hat nach neuesten Forschungen vermutlich doch nicht so große Schäden auf Kreta angerichtet; die zerstörten Paläste lassen sich nicht mit diesem Ereignis in Verbindung bringen. Die rätselhafte Katastrophe, die eine Generation nach dem Vulkanausbruch die minoischen Paläste tatsächlich zerstört hat, könnte schon eher ein Hinweis auf eine Verbindung mit der Atlantislegende sein. Doch es gibt ein wichtiges Defizit. In der Minotaurussage kommt zwar ein Krieg zwischen Athen und Kreta vor, doch ein Krieg, der den ganzen Mittelmeerraum umspannte, wie er in der Atlantislegende erwähnt wird, ist mit der minoischen Kultur nicht in Verbindung zu bringen.

Mit der Troja-Hypothese von Zangger sieht es auch nicht viel besser aus. Sie ist ein gedankliches Konstrukt, die auf zu vielen unbekannten Konstanten beruht. So kann die Gleichsetzung des Zugangs des Schwarzen Meeres mit den Säulen des Herakles keineswegs als gesichert gelten. Zangger sieht die Identifikation Trojas mit Atlantis in einem größeren Zusammenhang mit dem Seevölker-Sturm, an dem Troja aktiv teilgenommen habe. Doch welche Rolle Troja wirklich in dieser Zeit gespielt hat, ist unter Experten ziemlich umstritten. Wenn man sich nicht einmal einigen kann, ob und wann der Trojanische Krieg eigentlich stattgefunden hat, so begibt sich Zangger mit seiner These doch ein wenig auf dünnes Eis.

Wenn man aber die Suche nach der Hauptstadt von Atlantis aufgibt und lediglich nach einem ägyptischen Text sucht, der die Quelle für Platons Dialoge gebildet haben könnte, so sind die Seevölkertexte in Medinet Habu und anderen ägyptischen Tempeln durchaus wert, untersucht zu werden. Die Seevölker wurden ebenso wie eine der mythologischen "Stützen des Himmels" im Norden angesiedelt. Diese Ortsangabe könnten Griechen durchaus als Hinweis auf den fernen Westen missverstanden haben, wo auch die griechische Sage vom himmelstützenden Titanen Atlas angesiedelt ist. Die Ägypter meinten mit den "Himmelssützen" aber möglicherweise einen Ort in der Ägäis oder Kleinasien - die Nordgrenze der bekannten Welt für die Ägypter am Ende der Bronzezeit. Da in der altägyptischen Sprache zwischen Küste und Insel nicht unterschieden wird, wurde aus der Heimat der Seevölker eine Insel vor den "Säulen des Herakles". Der sagenhafte Inselkontinent wäre also schlicht ein Übersetzungsfehler. Doch das wichtigste Fazit ist vermutlich dies: Auch wenn man annimmt, dass ein ägyptischer Text die Grundlage für Platons Werk gewesen ist - die sagenhaften Tempel und Kanäle von Atlantis werden wohl verschollen bleiben. Ein konkreter Ort, den man mit der Erzählung des Kritias in Verbindung bringen kann, ist nach heutigem Forschungsstand nicht in Sicht. Hier hat die Phantasie des großen Philosophen etwas erschaffen, was sich zunehmend selbstständig gemacht hat, bis ihm sein Werk endgültig entglitten ist – vielleicht hat Aristoteles mit seinem Ausspruch ja doch recht: *"er, der es erschuf, hat es auch vernichtet."*

Hat die Suche nach Atlantis nun ein Ende ? Neue Inschriftenfunde aus den unruhigen Zeiten um 1.200 v. Chr. wären sicherlich hilfreich. Die aufgeführten Indizien werden begeisterte „Atlantologen“ auch in Zukunft nicht abhalten, weiterhin nach Atlantis zu forschen, denn was wäre Atlantis ohne einen handfesten Ort, den man nach allen Regeln der Kunst ausgraben und untersuchen kann? Der untergegangene Kontinent Atlantis als Projektion unserer eigenen von Katastrophen bedrohten Welt wird wohl noch in Zukunft die Gemüter beschäftigen.

## Literatur


S. Alexiou, Minoische Kultur (Göttingen 1976).

D. Arnold, Lexikon der ägyptischen Baukunst (Düsseldorf 2000).

C. Berlitz, Atlantis - The Eighth Continent (New York 1984).

P. P. Betancourt, Dating the Aegean Bronze Age with Radiocarbon. Archaeometry 29, 1987, 45-49.

M. Bietak, Minoan Wall-Paintings Unearthed at Ancient Avaris. In: Egyptian Archaeology Bd./Nr. 2 (1992) S. 26-28.

W. Brandenstein, Atlantis (Wien 1951).

B. Brandau, Troia: Eine Stadt und ihr Mythos (Bergisch Gladbach 1997).

J. H. Breasted, Geschichte Ägyptens (Zürich 1954²).

O. Broneer, A Mycenaean Fountain on the Athenian Acropolis. Hesperia 8, 1939, p. 317-429.

R. Castleden, Atlantis Destroyed (London 1998).

O. Dickinson, The Aegean Bronze Age (Cambridge 1994).

W. Dörpfeld, Troia und Ilion. Ergebnisse der Ausgrabungen in den vorhistorischen und historischen Schichten von Ilion 1870-1894 (1902).

W. F. Edgerton, Historical records of Ramses III, Vol. 1 and 2 (Chicago 1936).

A. Eisenlohr, Der große Papyrus Harris (Leibzig 1872).

W. Ekschmitt, Weltmodelle. Kulturgeschichte der alten Welt 43 (Mainz 1989).

P. Friedländer, Platon. Band I. Seinswahrheit und Lebenswirklichkeit (Berlin 1954).

W. L. Friedrich, Feuer im Meer (Heidelberg, Berlin, Oxford 1994).

F. Gisinger, Zur geographischen Grundlage von Platons Atlantis, Klio 26, 1933, 32-38.

H. Görgemanns, Wahrheit und Fiktion in Platons Atlantis-Erzählung, Hermes 128, 2000, 405-420.

W. Helck, Die Beziehungen Ägyptens und Vorderasiens zur Ägäis bis ins 7. Jahrhundert v. Chr. (Darmstadt 1995).

R. Hennig, Terrae incognitae, Band 1. Altertum bis Ptolemäus (Leiden 1944).

D. Hertel, Troia. Archäologie, Geschichte, Mythos (München 2001).

Herodot, Historien. Deutsche Gesamtausgabe. Übersetzt von A. Horneffer (Stuttgart 1971).

Homer, Ilias. Übersetzung und Nachwort R. Hampe (Stuttgart 1979).

I. Kayan, The Troia Bay and Supposed Harbour Sites in the Bronze Age. Studia Troica 5, 1995, 211-235.

W. Keller, Und die Bibel hat doch recht (Düsseldorf, Wien 1978[2])

J.-P. Behrend, E. Schmitz, Wo lag Atlantis ? In: G Kirchner (Hrsg.), Von Atlantis zum Dach der Welt. Rätsel alter Weltkulturen (Bergisch Gladbach 1988).

R. W. Kühne, A Location for "Atlantis", Antiquity 78, Nr. 300, Juni 2004.

H. Lamer, Wörterbuch der Antike. Mit Berücksichtigung ihres Fortwirkens. In Verbindung mit E. Bux und W. Schöne begründet von Hans Lamer. Fortgeführt von Paul Kroh (Stuttgart 19768).

G. A. Lehmann, Umbrüche und Zäsuren im östlichen Mittelmeerraum und Vorderasien zur Zeit der „Seevölker"-Invasionen um und nach 1200 v. Chr. Historische Zeitschrift 262, 1996, 1-38.

S. Marinatos, The Volcanic Destruction of Minoan Crete. Antiquity 13 (1939) 425-439.

S. Marinatos, Some Words About the Legend of Atlantis (Athen 1972).

S. Marinatos, Kreta, Thera und das Mykenische Hellas (München 1976[3]).

G. Martin, Platon (Hamburg 1993[18,]).

H. Petterson, Atlantis und Atlantik (Springer Vienna 1948).

H. Pichler, W. Schiering, the Thera Eruption and Late Minoan-IB Destructions on Crete. Nature Bd./Nr. 267/5614, 1977, 819-822.

Platon, Der siebente Brief. Übersetzung, Anmerkungen und Nachwort von E. Howald (Stuttgart 1988).

Platon, Phaidon. Übersetzung und Kommentar von T. Ebert (Göttingen 2004).

Platon, Sämtliche Werke Band 4. Timaios, Kritias, Minos, Nomoi. Übersetzt von H. Müller und F. Schleiermacher (Reinbeck bei Hamburg 1994).

Platon, Timaios. Herausgegeben und Anmerkungen von H. G. Zekl (Hrsg.) (Hamburg 1992).

Plutarch, Grosse Griechen und Römer. Herausgegeben von K. Ziegler u. a., 6 Bände (Neuasgabe 1979-80).

Lysios Proklos, Kommentare über Platons "Timaios".

G. Rachel, Lexikon des alten Ägypten (Düsseldorf, Zürich 2002).

G. Schwab, Die schönsten Sagen des klassischen Altertums (Bayreuth 19869).

A. Schulten, Atlantis. Rheinisches Museum für Philologie. Neue Folge 28, 1939, 326 – 346.

M. Schulz, Das Puzzle des Philosophen. Spiegel 53/1998.

W. Seipel, Das Vermächtnis der Pharaonen. In: M. M. Grewenig (Hrsg.), 3500 Jahre ägyptische Kultur. Ausstellung im Historischen Museum der Pfalz Speyer vom 16. Mai bis zum 1. August 1993 (1993).

H. Stierlin, J.-L. de Cenival (Hrsg.), Architektur der Welt. Ägypten. Das Zeitalter der Pharaonen (Lausanne).

Strabon, Erdbeschreibung. Übersetzt von C. G. Groskurd. Nachdruck von 1831 (Hildesheim, Zürich, New York 1988).

E. H. Warmington, Tartessus. In: N. G. L. Hammond, H. H. Scullard (Hrsg.), The Oxford Classical Dictionary. Second Edition (Oxford 1973) 1039.

P. M. Warren, The Minoan Civilisation of Crete and the Volcano of Thera. The Journal of Ancient Chronology Forum 4, 1990/1991 (1991), 29-39.

E. Zangger, Atlantis. Eine Legende wird entziffert (Augsburg 1996).

E. Zangger, Die Zukunft der Vergangenheit (München 1998).

**Artikel aus dem Internet:**

P. Braun, P. Busch, Ein Volk auf der Suche nach seinem Land – Das Homerische Doppelwerk und der Hexateuch. Internet-Publikation: www.ggg.bildung-rp.de/aktivitaeten/faecheruebergreifendLatein-Religion.html

K. Büsch, Neue Hinweise zum Untergang der Minoer. Internet-Publikation, meOme.de

A. Dollinger, An Introduction to the History and Culture of Pharaonic Egypt. Internet Publikation, 2000, nefertiti.iwebland.com

Exploration Society, „The RoyaEgypt l City of Sais“. Internet-Publikation: community.dur.ac.uk/penelope.wilson/intro.html

U. W. Gans, Griechische Akropolen. Pharos. Online Studieneinheiten für die Studiengänge Klassische Archäologie, Alte Geschichte und Klassische Philologie (2003).

A. Jähne, Achilles und Hektor in Tübingen. Der neue Kampf um Troia. Internet Publikation: www. Schliemann-museum.de/hsm/kkk.html.

R. Kühne, Lage und Datierung von Atlantis. Internet Publikation: www.mysteria3000.de/magazin/lage-und-datierung-von-atlantis/

T. Pfeiffer, Vulkaninsel Santorin. Internet-Publkation: www.decadevolcano.net/studienreisen/santorin.htm

## Stichwörter

14C- Methode

Seit die Altertumswissenschaften sich im 19. Jahrhundert zu entwickeln begannen, hatten die Archäologen und Historiker ein Problem: viele Funde, die sie nach Jahrtausenden wieder aus der Erde gruben, konnten nur sehr grob oder gar nicht datiert werden. In der Mitte des 20. Jahrhunderts hatte man endlich eine praktikable Lösung gefunden. Alle organischen Materialien wie Knochen, Holz, Stoffreste etc. bestehen zum großen Teil aus Kohlenstoff. Die Kohlenstoffatome sind aber nicht alle stabil, es gibt einen geringen Anteil eines instabilen Isotopes mit einer anderen Atommasse, das sog. 14C. Bei lebendigen Organismen bleibt der Anteil des 14C etwa gleich, da der Zerfall des 14C durch Aufnahme von neuem Kohlenstoff aus der Umgebung ausgeglichen wird. Sobald der Organismus aber abstirbt, hört diese Zufuhr auf, und der Anteil des 14C nimmt durch den kontinuierlichen Zerfall des Isotopes immer weiter ab. Je älter ein Gegenstand ist, desto weniger 14C enthält er. Durch Messung der radioaktiven Zerfallsrate einer Probe kann man den Anteil des 14C hochrechnen und das genaue Alter bestimmen. Als die Methode entwickelt wurde, ging man davon aus, das der Anteil des 14C auf der Erde stets gleich ist – diese Annahme bildete die Berechnungsgrundlage. Mit der Zeit bemerkte man aber, dass Schwankungen des 14C Anteils im Laufe der Jahrhunderte auftreten können, so dass die Berechnungen der genauen Jahreszahlen durcheinandergeriet. Daher spricht man auch von „14C Jahren“. Diese müssen erst in “normale” Jahre umgerechnet werden. Dies geschieht durch Testen von Proben, deren Alter bereits genau bekannt ist, z. B. durch Hölzer, deren Alter man anhand ihrer Jahresringe ermittelt hatte. Mittlerweile kann man Proben, die bis zu 10.000 Jahre alt sind, mit Hilfe eines einfachen Computerprogrammes auf diese Weise “kalibrieren”. Man kann zwar auch Proben testen, die bis zu 60.000 Jahre alt sind, doch werden die Ergebnisse dann etwas ungenauer. Das Ergebnis der Berechnungen sieht dann z. B. so aus: 1.500 BC +/- 100, wobei „BC“ Before Christ, also vor Chr. bedeutet. Die große Schreibweise „BC“ zeigt auch an, das es sich hier bereits um ein kalibriertes Datum handelt. Die Zahl +/- 100 soll ausdrücken, das eine hohe Wahrscheinlichkeit gegeben ist, dass der Gegenstand zwischen 1.600 und 1.400 v. Chr. gefertigt wurde, wobei die höchste Wahrscheinlichkeit bei 1.500 v. Chr. liegt. Im Falle der 14C Daten aus Akrotiri könnte nun die eben genannte Berechnungsgrundlage nicht gegeben sein, da Organismen auf Santorin mit hoher

Wahrscheinlichkeit sehr viel Kohlenstoff aufnehmen, der von vulkanischen Eruptionen stammt. Dieser Kohlenstoff enthält aber weniger 14C wie Kohlenstoff auf der Erdoberfläche, der meist in lebendigen Organismen eingebunden ist. Dadurch erscheinen getestete Funde von Akrotiri älter als zum Beispiel gleichalte Gegenstände von Kreta.

## Absolute Chronologie

Mit „absoluter Chronologie“ ist der Versuch gemeint, das Alter archäologischer Perioden zu ermitteln. Bevor die 14C Methode entwickelt wurde, versuchte man dies bei Funden aus dem Nahen Osten und Europa mit Hilfe der Herrscherliste des Alten Ägypten. Bereits in der ersten Hälfte des 19. Jahrhunderts hatte man die Hieroglyphen entziffert und machte sich nun daran, die genauen Regierungszeiten der Pharaonen zu ermitteln. Seit Beginn der Bronzezeit hatte sich ein weitverzweigtes Handelsnetz von Nordeuropa bis in den Mittelmeerraum etabliert, so dass auch Gebrauchsgegenstände aus Ägypten, deren Alter bekannt war, manchmal einen weiten Weg zurücklegten. So konnten auch Gebrauchsgegenstände von Nachbarkulturen des Pharaonenreiches datiert werden, die zusammen mit den Handelswaren aus Ägypten gefunden wurden. Diese Methode konnte man auch auf weiter entfernte Kulturen bis nach Mitteleuropa ausweiten. Allerdings stellte sich später heraus, das diese Methode bei älteren Daten ungenau war, so verschob sich bei Einführung der kalibrierten 14C Daten der Beginn der Bronzezeit in Mitteleuropa von 1800 v. Chr. auf 2300 v. Chr.

## Relative Chronologie

Eine „relative Chronologie“ beschreibt die Abfolge einzelner archäologischer Perioden, Schichten etc. Der amerikanische Präsident Jefferson erkannte bereits vor 200 Jahren, dass ältere archäologische Schichten unten und jüngere oben lagen – die Stratigraphie war geboren. Auch bei Gräberfeldern kann man oft eine Abfolge der Gräber feststellen, z. B. dass sich das Gräberfeld von einem bestimmten Punkt, an dem sich die ältesten Gräber befinden, auszubreiten scheint – die sog. horizontale Stratigraphie. Bei der relativen Chronologie geht es also nicht wie bei der absoluten Chronologie um genaue Jahreszahlen, sondern um die Beziehung einzelner Perioden oder Schichten zueinander.

## Minoische Kultur

Während der Bronzezeit bildete sich auf Kreta die sog. Minoische Kultur heraus, die nach dem sagenhaften König Minos benannt wurde. Ihren Höhepunkt erreichte sie zwischen 2.000 und 1.550 v. Chr., der "Mittelminoischen" Epoche. Zwischen 2.000 und 1.700 v. Chr. wird Kreta zu einer führenden Seemacht im östlichen Mittelmeerraum. Das Land wird von den Palästen aus durch Könige regiert, ihre Sitze sind auch wichtige Handelszentren. Archäologen bezeichnen diese Zeit als „Mittelminoisch I" und „II". Am Ende dieser Periode richtet ein Erdbeben schwere Verwüstungen an. Zwischen 1.700 und 1.400 v. Chr., Mittelminoisch III und Spätminoisch I und II, entstehen auf den Trümmern wieder viele Paläste, von denen der bekannteste Knossos ist. Nach Verwüstungen, die möglicherweise wieder durch ein Erdbeben angerichtet wurden, übernahmen mykenische Griechen die Herrschaft über die kretische Insel.

Chronologie nach Arthur Evans und Nikolaos Platon

| ***Evans*** | ***Platon*** | ***Jahre*** |
|---|---|---|
| Frühminoisch | | |
| FM I | Vorpalastzeit | 3.000-2.200 v. Chr. |
| FM II | | 2.200-2.000 v. Chr. |
| FM III | | |
| Mittelminoisch | | 2.000-1.900 v. Chr. |
| MM I A | Altpalastzeit | |
| MM I B | | 1.900-1.800 v. Chr. |
| MM II | | 1.800-1.700 v. Chr. |
| MM III A | Neupalastzeit | 1.700-1.600 v. Chr. |
| MM III B | | 1.600-1.550 v. Chr. |
| Spätminoisch | | |
| SM I A | | 1.550-1.520 v. Chr. |
| SM I B | | 1.520-1.430 v. Chr. |
| SM II | Nachpalastzeit | 1.430-1.400 v. Chr. |
| SM III A | | 1.400-1.330 v. Chr. |
| SM III B | | 1.330-1.200 v. Chr. |
| SM III C | | 1.200-1.100 v. Chr. |
| Subminoisch | | |

## Abbildungsnachweis

Abb. 1: Platon. Hermesbüste, Vatikan (Sala delle Muse), Rom. Quelle: Arndt-Bruckmann, Griechische und römische Portraits (München 1891).

Abb. 2: Östlicher Mittelmeerraum. Grafik: Rainer Krämer

Abb. 3: Akropolis. Quelle: Helga / pixelio.de

Abb. 4: Vermutliche Lage von Tartessos. Grafik: Rainer Krämer

Abb. 5: Santorin und Kreta. Grafik: Rainer Krämer

Abb. 6: Palast von Knossos. Foto: Elke Krämer

Abb. 7: Der Thron des Minos, Knossos. Foto: Elke Krämer

Abb. 8: Santorin. Foto: Marcus Beck.

Abb. 9: Kraterrand der Caldera, Santorin. Foto: Marcus Beck

Abb. 10: Mögliche Wanderrouten der Seevölker. Grafik: Rainer Krämer